Clave de Sol

Curso de español

NIVEL 1

Mónica Caso

Beatriz Rodríguez

María Luz Valencia

Libro del Alumno

en CLAVE ELE

Dirección editorial: Raquel Varela

Edición: Consuelo Delgado
Diseño y maquetación: delicado diseño
Cubierta: DC Visual
Ilustración: José Zazo y Fernando San Martín
Fotografía: José Javier Álvarez, Álvaro de la Cierva, banco de imágenes dd
Traducción: Kim Perdue, Magda Castro, Salvatore Bartolotta, Hans y Belén Schafgans
Grabación: Crab Ediciones Musicales, S. A.

© de esta edición: enClave-ELE, 2010

Agradecimientos: Escola Rosalía de Castro (Vigo)

Depósito legal: M-40509-2010
ISBN: 978-84-96942-97-4
Impreso en España
Printed in Spain

Carta de presentación

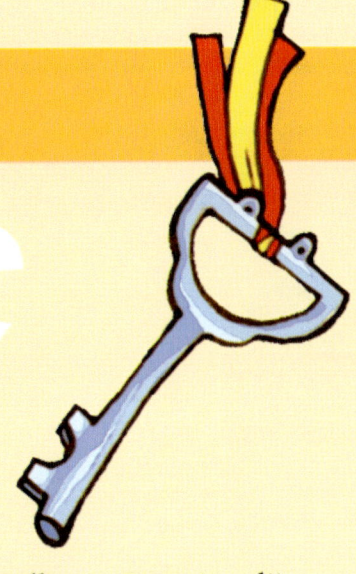

Queridos chicos y chicas:

Vamos a haceros un regalo. Este regalo es un libro, pero no es un libro como los otros. Este libro es una llave, la llave de una puerta muy importante.

Un lingüista muy famoso, un señor rumano que se llama Coseriu, dijo una vez:

"Una lengua sirve como puerta de entrada hacia otra cultura, otra tradición, otra historia, otra forma de ser… Conocer una lengua significa entrar en otro mundo".

Y por eso este libro es una llave, porque va a ayudaros a abrir la puerta del español, una lengua hablada por más de cuatrocientos millones de personas. Todos habláis ya una lengua que habéis aprendido de pequeñitos en vuestra casa, sin estudiarla. Y gracias a ella podéis comunicaros con vuestra familia y amigos. El español tenéis que estudiarlo y nosotras queremos ayudaros en esa tarea.

Los protagonistas de *Clave de Sol* son chicos y chicas de vuestra edad, con intereses, gustos y pequeños problemas parecidos a los vuestros. Ellos van a llevaros de la mano por ese mundo nuevo. Vais a aprender muchas cosas sobre la vida y costumbres de los países de habla hispana y también a usar el español para hablar de vuestros propios intereses, gustos y pequeños problemas.

En el libro vais a encontrar un montón de actividades de distintos tipos. Tenéis que aprender y practicar las palabras y formas de comunicación que necesitáis para empezar el camino. También hay canciones, poemas, adivinanzas, juegos y pasatiempos. Aprender una nueva lengua es divertido.

Con la ayuda de vuestros profesores vais a empezar el viaje hasta ese "otro mundo" del español. Las autoras de *Clave de Sol* os deseamos buena suerte y… **¡buen viaje!**

Las autoras

Cuadro de Contenidos

UNIDADES	OBJETIVOS COMUNICATIVOS	ASPECTOS GRAMATICALES	ÁREAS DE VOCABULARIO
1 ¡Qué sorpresa! TEMA: Conocernos	• Saludar • Presentarnos • Deletrear	• Verbos *ser* y *estar* • Artículos y demostrativos • Pronombres personales	• Sustantivos de personas
2 ¡Qué guay! TEMA: La casa	• Describir la casa • Hablar de los colores • Expresar posesión	• Verbo *tener* • Adjetivos posesivos • Adverbios de lugar (*aquí, ahí, allí*) • *Hay* impersonal	• Las partes y objetos de la casa • Los colores • Los números cardinales (0-9)
3 ¡Qué desastre! TEMA: Los gustos y la comida	• Decir lo que nos gusta y no nos gusta • Hablar de la comida • Decir qué hora es	• Verbo *gustar* • Pronombres personales objeto (CI)	• La comida y la bebida • Las horas • Los números cardinales (hasta el 12)
4 ¡Qué suerte! TEMA: El colegio	• Hablar del colegio • Describir lo que hacemos habitualmente • Hablar de países y nacionalidades	• Presente de indicativo (primera, segunda y tercera conjugación)	• Los días de la semana • Países y nacionalidades • Las asignaturas • Vocabulario del colegio
5 ¡Qué problema! TEMA: El recreo	• Integrar lo aprendido anteriormente • Ampliar vocabulario	• Consolidar aspectos gramaticales	• Vocabulario relacionado con el deporte • Los números cardinales (hasta el 31)
6 ¡Qué torpe! TEMA: Fiesta de cumpleaños	• Hacer planes • Hablar sobre fechas • Dar órdenes	• *Ir a* + infinitivo • Imperativo	• El cumpleaños • Las fechas • Los meses del año
7 ¡Qué pesada! TEMA: Las compras	• Hablar de nuestras obligaciones • Describir personas • Hablar de la ropa	• *Tener que* + infinitivo (obligación) • Preposiciones	• La ropa • Las partes de la cara • Descripción física • Antónimos
8 ¡Qué emoción! TEMA: La entrevista	• Hablar de lo que podemos y no podemos hacer • Dar direcciones • Hablar de las profesiones	• *Poder* + infinitivo	• Las profesiones y vocabulario relacionado • Los números ordinales (1.º-5.º) • Direcciones
9 ¡Qué calor! TEMA: La playa	• Hablar de la playa • Explicar qué estamos haciendo • Hablar del tiempo	• *Estar* + gerundio • *Hace* impersonal	• Las estaciones • El tiempo atmosférico • Los puntos cardinales • Vocabulario de la ropa y artículos relacionados con la playa
10 ¡Qué buena idea! TEMA: Las profesiones	• Integrar lo aprendido anteriormente • Ampliar vocabulario	• Consolidar aspectos gramaticales	• Vocabulario relacionado con profesiones y lugares de trabajo • Los números ordinales (6.º-10.º)
11 ¡Qué dolor! TEMA: El médico	• Hablar de nuestra salud • Dar opiniones • Preguntar y dar razones	• *Por qué* y *porque* • Forma *usted*	• Las partes del cuerpo • La salud
12 ¡Qué divertido! TEMA: La granja	• Hablar de la granja • Situar las cosas • Conocer los animales domésticos	• Expresar cantidad • Adverbios de lugar (*encima, debajo, dentro, fuera*)	• La naturaleza • Los animales domésticos y de la granja • Los productos y trabajos de la granja
13 ¡Qué miedo! TEMA: El circo	• Hablar del circo • Describir y comparar cosas • Conocer los animales salvajes	• Comparativos de inferioridad, igualdad y superioridad • Superlativos • *Hay* impersonal (repaso)	• Los animales salvajes • Vocabulario del circo
14 ¡Qué nervios! TEMA: Los exámenes	• Hablar del pasado cercano • Expresar estados de ánimo • Hablar de los exámenes	• Pretérito perfecto compuesto (primera, segunda y tercera conjugación)	• Vocabulario de los exámenes • Los estados de ánimo
15 ¡Qué buenas vacaciones! TEMA: Las vacaciones	• Integrar lo aprendido anteriormente • Ampliar vocabulario	• Consolidar aspectos gramaticales	• Los medios de transporte • Los parentescos • Los números (hasta el millón)

Apéndice Gramatical

PRONUNCIACIÓN Y ORTOGRAFÍA		REPASOS	
Alfabeto	página **6**	 Repaso 1 2 3 4 5 — Sol te pregunta	página **26**
C, ch	página **10**		
	página **14**		
C, q	página **18**		
	página **22**		
G, j	página **28**	 Repaso 6 7 8 9 10 — Los peligros de la playa	página **48**
	página **32**		
R	página **36**		
	página **40**		
B, v, ñ, h	página **44**		
	página **50**	 Repaso 11 12 13 14 15 — Cara o cruz	página **70**
L, y	página **54**		
	página **58**		
Acentuación de palabras agudas, llanas y esdrújulas	página **62**		
	página **66**		
Glosario			página **76**

1 ¡Qué sorpresa!

VAMOS A Saludar
Presentarnos
Deletrear

1 Mira los dibujos y escucha el diálogo.

Empezamos

2 **Escucha y contesta Sí o No.**

	Sí	No
¿Miguel es una chica?	☐	☐
¿Sol es una chica?	☐	☐
¿Sol es real?	☐	☐
¿Mario es hermano de Sol?	☐	☐
¿Está Miguel en su casa?	☐	☐
¿Está Miguel despierto?	☐	☐
¿Es esto un sueño?	☐	☐

3 **Escucha y repite las letras del alfabeto.**

▸ **Ahora escribe las letras que escuchas.**

....

▸ **¿Qué palabra sale combinando estas letras?** ....

4 **Te toca a ti. Escucha y repite.**

▸ **Practica ahora con tu compañero. Preséntate y deletrea tu nombre.**

▸ **¿Tu nombre tiene traducción al español?**

siete **7**

Practicamos

5 Completa con *un / el* o con *una / la*.

Ej. *Una* chica   *El* chico

.... amiga   .... chica
.... familia   .... amigo
.... sueño   .... niño
.... hermano .... casa
.... hermana .... padre

¡Fíjate!

	Masculino	Femenino
Singular	**un** chico / **el** chico	**una** chica / **la** chica
Plural	**unos** chicos / **los** chicos	**unas** chicas / **las** chicas

6 Observa el ejemplo y completa las frases.

¡Fíjate!

	Masculino	Femenino
Singular	**este** niño	**esta** niña
Plural	**estos** niños	**estas** niñas

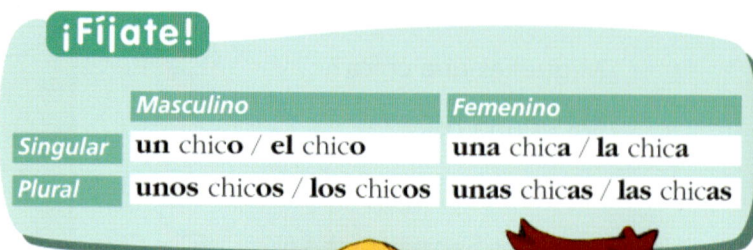

(1) Est**a** es Paloma. Es *una* amig**a**.

(2) .... es César. Es .... amig.......

(3) .... también son .... amig....... Son Nerea, Paula y Charo.

(4) .... también son .... amig....... Son Luis, Pedro y Carlos.

7 Compara estas frases. ¿Cuál es la diferencia?

- Yo **soy** Miguel
  un chico
- Yo **estoy** dormido
  en mi habitación

¡Fíjate!

	SER	ESTAR
Yo	soy	estoy
Tú	eres	estás
Él / Ella	es	está
Nosotros/as	somos	estamos
Vosotros/as	sois	estáis
Ellos/as	son	están

8 Completa con la forma correcta de *ser* o *estar*.

Ej. Sol *es* una chica.

Miguel .... en casa.
Sol .... real.
Sol no .... un chico.
Miguel .... despierto.
Yo .... Miguel.
Tú no .... dormido.

9 Pregunta a tus compañeros siguiendo el ejemplo.

Ej. —¿Dónde estamos Ulrich y yo?
—Estáis en la escuela.
—¿Es esto la escuela?
—Sí, esto es la escuela.

Nos divertimos

CANCIÓN

Señala las letras cuando las escuches en la canción.

Rap del alfabeto

A B C, A B C
Este es el rap del A B C
D E F G H I
Sigue, sigue por aquí
J K L M
No te marches, sígueme, sígueme
N Ñ O P Q
Sígueme tú, sígueme tú
R S T U V
Sígueme, sígueme hasta la nube
W X Y Z
Ya llegamos a la meta
A B C, A B C
Este es el rap del A B C

▶ ¡Ahora rapea con nosotros!

TAREA FINAL

Jugamos al bingo. Tacha las letras que escuches y di qué palabra es.

¡QUÉ CURIOSO!

El nombre de este animal tiene las cinco vocales. ¿Cómo se llama? Búscalo en el diccionario.

nueve 9

2 ¡Qué guay!

VAMOS A Describir la casa
Aprender los colores
Expresar posesión

1 Mira los dibujos y escucha el diálogo.

Empezamos

2 Escucha estas frases del diálogo y di en qué habitación está cada cosa.

| Cocina | Cuarto de baño | Salón | Dormitorio |

3 ¿Verdadero o falso?

                                                                     V F

a) Ana es la novia de Mario.
b) Miguel tiene una ducha en su dormitorio.
c) La nevera está en la cocina.
d) Sol tiene una casa bonita.
e) Mario es hermano de Miguel.

4 Fíjate cómo se pronuncia la letra "C".

▶ Pronuncia ahora estas palabras.

| César | cuarto de baño | ducha | color |
| cocina | chica | casa | habitación |

▶ Escucha y comprueba tu pronunciación.

5 Te toca a ti. Escucha y repite.

¿De qué color es la cocina de tu casa?

¿De qué color es el cuarto de baño?

¡Qué bonito! En mi casa el cuarto de baño es blanco. ¿Y de qué color es el sofá del salón?

Los muebles son de color blanco.

Las paredes son de color verde.

El sofá es de color azul.

▶ Practica este diálogo con información sobre tu casa. Usa más colores.

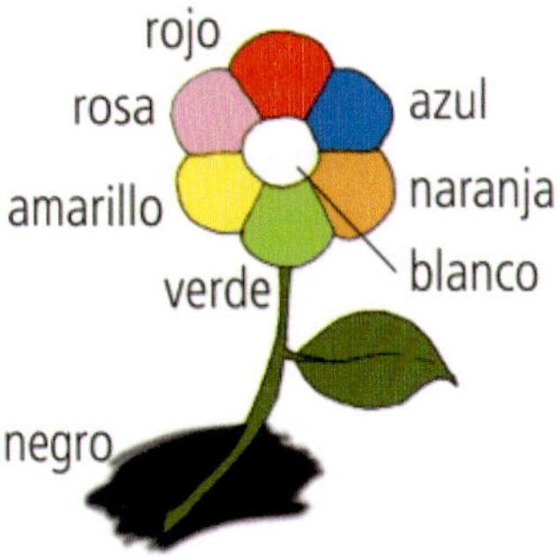

rojo
rosa
amarillo
verde
negro
azul
naranja
blanco

once 11

Practicamos

6 Coloca cada objeto en su habitación.

una cama	un sillón	una lavadora	una bañera
una mesilla	una alfombra	una mesa	un lavabo
un armario	un sofá	una silla	un váter

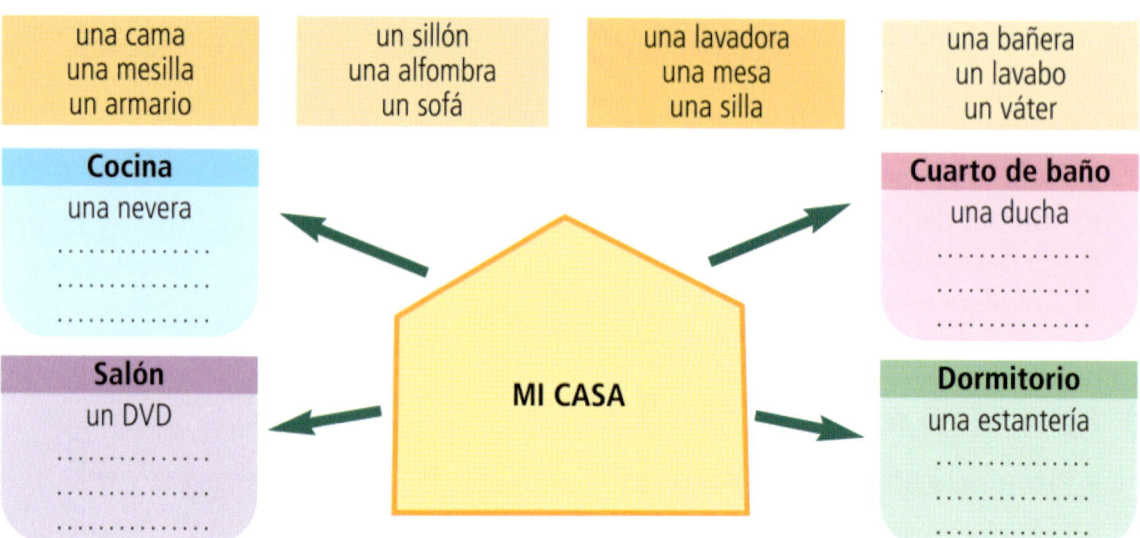

Cocina
una nevera
....
....

Cuarto de baño
una ducha
....
....
....

Salón
un DVD
....
....
....

MI CASA

Dormitorio
una estantería
....
....
....

7 ¿Qué hay en la habitación?

Ej. *En la habitación* **hay** *dos camas verdes.*

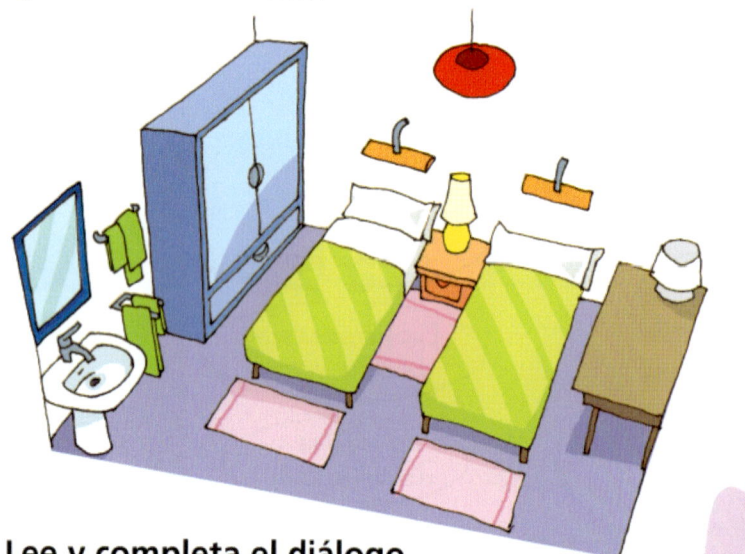

0	1	2	3
cero	uno	dos	tres
4	5	6
cuatro	cinco	seis
7	8	9
siete	ocho	nueve

8 Lee y completa el diálogo.

Ej. *Laura: Miguel, Ana, ¿dónde estáis?*
Miguel: Yo estoy en **mi** *(yo) habitación y Ana está en* **su** *(ella) dormitorio.*

Laura: ¡Ah! ¿Dónde están .... *(vosotros)* toallas?
Miguel: .... *(nosotros)* toallas están en el armario de .... *(tú)* cuarto de baño.
Laura: Bien, vamos a cenar.
Miguel: Mario no está. Está en el cine con .... *(él)* amigos.
Laura: ¡Qué desastre! Hoy cenan con nosotros .... *(vosotros)* abuelos.

¡Fíjate!

	Un poseedor		
	(yo)	(tú)	(él / ella)
Singular	mi	tu	su
Plural	mis	tus	sus

¡Fíjate!

	Varios poseedores		
	(nosotros)	(vosotros)	(ellos/as)
Singular	nuestro/a	vuestro/a	su
Plural	nuestros/as	vuestros/as	sus

Nos divertimos

TRABALENGUAS

¿Qué sílaba completa este trabalenguas? Escucha, es siempre la misma.

Paco Peco

Pa…… Pe……
chi…… ri……
le gritaba como un lo……
a su tío Federi……
y su tío le decía:
"Pa…… Pe……
chi…… ri……
¡Po…… pi……!"

▶ ¡Ahora repite con nosotros!

TAREA FINAL

El mural de la casa.

¡QUÉ BONITO!

Esto es el arco iris. ¿Sabes los nombres de todos los colores?

trece **13**

3 ¡Qué desastre!

VAMOS A Decir lo que nos gusta y lo que no
Hablar de la comida
Decir qué hora es

1 Mira los dibujos y escucha el diálogo.

La familia de Miguel está en la cocina. Son las ocho, es la hora del desayuno.

¿Eres la chica del videojuego?

¡Buenos días, familia! Esta es Sol. Es mi nueva amiga.

Sol, ¿qué te gusta para desayunar?

No sé, en el ordenador no desayuno. ¿Vosotros qué tomáis?

Yo tomo cereales con leche. Me gustan los cereales de chocolate.

Y yo leche con cacao y galletas. No me gustan los cereales.

¿Qué hora es? ¿Y Mario?

Toma el zumo y una tostada.

Tengo prisa, mamá, hoy no desayuno. Las clases empiezan a las ocho y media.

Mi mujer y yo tomamos café con leche.

Y comemos tostadas con mantequilla.

Yo preparo tu tostada.

Me gusta la mermelada de fresa.

¡Está quemada! Ji, ji.

¡Qué desastre!

14 catorce

Empezamos

2 Escucha otra vez y relaciona cada pregunta con su respuesta.

¿Qué hora es?   Miguel
¿Qué desayuna Ana?   La mermelada de fresa
¿Quién toma galletas?   Son las ocho
¿Quién llega tarde?   Cereales con leche
¿Qué mermelada le gusta a Sol?   Mario

3 ¿Qué les gusta desayunar? Completa.

A Ana le gustan los ....
A Miguel le gusta la .... y las ....
A Laura y Daniel les gusta el .... y las ....
A Sol le gusta la ....
A todos les gusta el ....

4 Te toca a ti. Escucha y di qué desayunas tú.

En Uruguay desayunamos mate y tostadas con dulce de leche. Yo desayuno con mis padres.

▸ Ahora busca en tu clase quién desayuna lo mismo que tú. Pregunta a tus compañeros.

Ej. —Mary, ¿desayunas cereales?
—No.
—Jean, ¿desayunas cereales?
—Sí.

¿Quién desayuna...
cereales? ....*Jean*....
zumo? ....
tostadas? ....
leche? ....
galletas? ....

5 Escucha y repite los números.

dos   seis   nueve   ocho
1   7   6   5   tres
uno
9   3   2   8   doce
siete   10   4   11   12
diez   once   cinco   cuatro

▸ Ahora marca con un círculo los números que escuchas y únelos con su nombre.

▸ ¿Qué hora es? Escucha y escribe.

....

quince **15**

Practicamos

6 Lee con atención y rodea la palabra intrusa.

Ej. *cuarto de baño*   *dormitorio*   *salón*   (*doce*)   *cocina*

chocolate	cereales	café	tostada	hermana
azul	rojo	ocho	blanco	naranja
cinco	cama	dos	uno	diez
pared	bañera	sofá	padre	alfombra
mesa	mantequilla	cacao	zumo	leche

7 Completa con el verbo *gustar*.

Ej. (yo) *Me gustan* las tostadas con mantequilla.
— No (yo) .... los cereales con leche.
— A Ana (ella) .... los cereales de chocolate.
— (nosotros) .... el zumo de naranja.
— ¿(tú) .... el café?
— No. A mí (yo) .... la leche con cereales.
— ¿(vosotros) .... las galletas?
— Sí, (nosotros) .... las galletas y los bollos.

¡Fíjate!

	A quién	Cosa / Cosas
(yo)	me	
(tú)	te	
(él / ella)	le	gusta / gustan
(nosotros)	nos	
(vosotros)	os	
(ellos/as)	les	

8 Relaciona y forma frases. Hay varias posibilidades.

Las cinco (en punto)   La una y cuarto   Las siete y media   Las once menos cuarto

8.30 h.	*A las ocho y media*		café
9.00 h.	A las nueve	tomamos	*leche con un bollo*
11.45 h.	A las doce menos cuarto	*desayunamos*	pescado con arroz
14.30 h.	A las dos y media	comemos	pasta
15.00 h.	A las tres	merendamos	fruta
17.15 h.	A las cinco y cuarto	cenamos	ensalada y huevos
21.30 h.	A las nueve y media		patatas con carne

Nos divertimos 3

CANCIÓN

Señala los relojes cuando escuches la hora en la canción.

Escucha otra vez y completa las frases.

El rock de las horas

Todos bailan el rock del ....
El reloj da la una, las dos y ....
El rock de .... es para bailar el rock.
Uno, dos, tres, ..., rock
Cinco, ..., siete, ocho, rock
Nueve, diez, once, ..., rock
El reloj da las ...., las ocho y las nueve.
El reloj .... las diez.
Y .... la hora de empezar otra vez.

▸ ¡Ahora canta con nosotros!

TAREA FINAL

El alfabeto de la comida.

La letra P es para la Pera.

¡QUÉ CURIOSO!

Dime tú qué número es que vale menos al revés

diecisiete **17**

4 ¡Qué suerte!

VAMOS A Hablar del colegio
Describir lo que hacemos habitualmente
Aprender países y nacionalidades

1 Mira los dibujos y escucha el diálogo.

Empezamos

 2 **Escucha otra vez y contesta estas preguntas.**

¿Dónde están los chicos? ....
¿Quién es el mejor amigo de Miguel? ....
¿Qué asignatura le gusta a César? ....
¿De dónde es Paloma? ....
¿Tienen clase por la tarde? ....

3 **Relaciona estas palabras.**

CÉSAR
PALOMA
MIGUEL

Informática
Guinea
Geografía
España
México

 4 **Fíjate cómo se pronuncian las letras "Z" y "Q".**

Z za zo zu

Q que qui

▸ **Pronuncia estas palabras.**

| zumo | quemar | empezar | quien |
| Venezuela | mantequilla | azul | venezolano |

▸ **Escucha y comprueba tu pronunciación.**

5 **Te toca a ti. Escucha, escribe y repite.**

▸ **Practica estos diálogos con tus preferencias.**

A: ¿Qué asignatura prefieres?
B: Prefiero las matemáticas.

A: ¿Cuál es tu asignatura favorita?
B: Mi asignatura favorita es la música.

A: ¿Te gustan las ciencias?
B: No mucho, prefiero los idiomas.

Un poco
Sí
Sí, bastante
Sí, mucho

No mucho
NO
No me gusta/n nada

diecinueve **19**

Practicamos

6 **Relaciona las dos partes de la frase.**

1. Los lunes tenemos
2. Por la tarde los chicos
3. Mi hermana juega
4. Mis amigos y yo nunca
5. Yo siempre tomo
6. Mario siempre llega

a. al baloncesto todos los días.
b. merendamos en el colegio.
c. cereales para desayunar.
d. clase de matemáticas.
e. tarde al colegio.
f. hacen los deberes.

¡Fíjate!

Presente de Indicativo

	TOMAR	COMER	VIVIR
Yo	tomo	como	vivo
Tú	tomas	comes	vives
Él / Ella	toma	come	vive
Nosotros/as	tomamos	comemos	vivimos
Vosotros/as	tomáis	coméis	vivís
Ellos/as	toman	comen	viven

7 **Completa las frases siguiendo el horario.**

Ej. Los _martes_ y los _jueves_ practicamos con el ordenador en la clase de informática.

Nunca tenemos clase los .... y los ....
Los .... tenemos estudio para terminar nuestros deberes.
Los .... vamos a la biblioteca y leemos libros muy divertidos.
Los .... y los .... tenemos clase de lengua y literatura.
Todos los .... tenemos tutoría.

	Lunes	Martes	Miércoles	Jueves	Viernes	Sábado	Domingo
9 h.	Lengua y Literatura	Geografía e Historia	Ciencias naturales	Música	Educación física		
10 h.	Matemáticas	Idioma	Matemáticas	Lengua y Literatura	Ciencias naturales	¡FIESTA!	
11 h.	Educación física	Informática	Geografía e Historia	Matemáticas	Idioma		
12 h.	R E C R E O						
13 h.	Idioma	Estudio	Biblioteca	Informática	Tutoría		

8 **¿De dónde son?**

Ej. Marie es _francesa_, es de Francia.
Eduardo es ...., es de Perú.
Magalí es colombiana, es de ....
Dianisel es ...., es de Cuba.
Heinrich es ...., es de Alemania.
Antonio es italiano, es de ....

¡Fíjate!

Singular		Plural	
Masc.	Fem.	Masc.	Fem.
-o	-a	-os	-as
argentino	argentina	argentinos	argentinas
-consonante	-a	-es	-as
alemán	alemana	alemanes	alemanas

Nos divertimos

POEMA

Escucha el poema y completa con los días de la semana.

Los días de la semana

Somos los siete pequeños
de la señora semana;
damos a la noche sueños
y alegría a la mañana.

Todos quisiéramos dar,
como ...., un paseo.
.... dice: "¡A trabajar!"
No por eso es día feo.

A .... lo ven mal vestido,
y a veces medio enojado.
................, que es distraído,
camina un poco encorvado.

.... siempre se entretiene,
porque estudia y luego juega.
.... a todos conviene.
Con él, ¿no ven lo que llega?

.... es mitad trabajo,
aunque su pecho engalana.
Tira alegre, cuesta abajo,
lo que pesa en la semana.

Somos los siete pequeños
de la señora semana;
damos a la noche sueños
y alegría a la mañana.

(Regina Esther Sasson)

▸ Ahora recita el poema.

TAREA FINAL

El mapa del español.

¡QUÉ CURIOSO!

¿Cuál es el día más largo de la semana?

veintiuno **21**

5 ¡Qué problema!

VAMOS A   Repasar   Aprender más vocabulario

1 **Mira los dibujos y escucha el diálogo.**

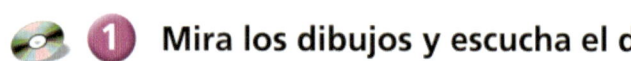

Empezamos

2 **Escucha otra vez y cambia las frases.**

Paloma tiene hambre.
Miguel tiene un bocadillo de chorizo.
La enchilada es la comida típica de Guinea.
La profesora da clase de matemáticas.
Miguel siempre juega al baloncesto con Paloma.

3 **Ordena estas acciones.**

La profesora saluda a los chicos.
Sol, Paloma y Miguel salen al recreo.
Suena el timbre del recreo.
Paloma está enfadada.
Los chicos comen el bocadillo.

4 **Te toca a ti. Escucha y repite.**

¿Qué tomas en el recreo?
¿Cuál es tu asignatura favorita?
¿A qué deporte juegas?

Tomo un bocadillo o un bollo.
Las ciencias naturales.
Al balonmano.

◗ **Practica este diálogo con tus preferencias.**

5 **Escucha y repite los números.**

uno	dos	tres	cuatro
cinco	seis	siete	ocho
nueve	diez	once	doce
trece	catorce	quince	dieciséis
diecisiete	dieciocho	diecinueve	veinte
veintiuno	veintidós	veintitrés	veinticuatro
veinticinco	veintiséis	veintisiete	veintiocho
veintinueve	treinta	treinta y uno	

◗ **Ahora marca con un círculo en el calendario los números que escuchas.**

Practicamos

6 **Adivina el deporte y completa con el verbo *jugar*.**

Ej. *Los sábados por la mañana César y yo* jugamos *al* fútbol *en el colegio.*

Paloma siempre lleva su raqueta para .... al ....

Mis padres .... al .... los domingos con sus amigos.

¿Vosotros .... al .... ?

Esta tarde Mario .... un partido de .... con su equipo.

7 **Busca el momento de cada actividad.**

Ej. *De lunes a viernes hacemos los deberes* por la tarde

.... lavamos los platos después de la cena.
Vamos al colegio en autobús ....
.... merendamos pan con chocolate.
.... en el recreo charlamos con los amigos.
Leemos un libro en la cama ....

por la mañana

por la tarde

por la noche

8 **Elige la opción correcta.**

Ej. *Usamos la toalla:*
   1. en la cocina
   2. en el cuarto de baño
   3. en el salón

Por la mañana desayunamos:
1. leche con cacao y galletas
2. bocadillo de chorizo
3. enchilada

Tomamos la merienda:
1. a las seis de la tarde
2. a las ocho y media de la noche
3. a las dos menos cuarto de la tarde

Con las raquetas jugamos:
1. al fútbol
2. al baloncesto
3. al tenis

Son las dos y media de la tarde, vamos a:
1. cenar
2. comer
3. merendar

9 **Une las frases con la expresión que corresponda.**

Por la tarde vamos al cine.   ¡Qué sorpresa!
Siempre perdemos el autobús.   ¡Qué guay!
Mañana no tenemos clase.   ¡Qué desastre!
La canasta de baloncesto está rota.   ¡Qué rollo!
Hoy Miguel juega al tenis con Sol, no con Paloma.   ¡Qué mala suerte!
Esta semana hay tres horas más de clase.   ¡Qué curioso!
Los argentinos y uruguayos pronuncian la "y" de forma diferente.   ¡Qué bien!

Nos divertimos

CANCIÓN

Escribe los nombres de 8 países de habla española.

....

▸ Señala en tu lista los países que escuchas en la canción.

▸ Escúchala otra vez y completa los nombres de todos los países.

300 kilos

Esto es una canción
que va dedicada a todos los países
que entran dentro del área
de lo que se ha dado en llamar
la cultura latina…

Países como ....
..............., ..., ..., ¡...............!

*300 kilos de pueblos latinos
todos pueblos hermanos,
todos latinoamericanos.*

Recordamos a ...., Portugal, Brasil, ..., ...,
.... Distrito Federal, ..., ¡...............!

*300 kilos de pueblos latinos
todos pueblos hermanos,
todos latinoamericanos.*

También queremos recordar a ...., ...,
..............., Quito, a todos los centros latinos de Nueva York, al
Centro venezolano de Estocolmo, al centro gallego de Buenos Aires…

*300 kilos de pueblos latinos
todos pueblos hermanos,
todos pueblos latinos.*

▸ ¡Ahora canta con nosotros!

TAREA FINAL

Hacemos una encuesta.

¡QUÉ CURIOSO!

¿Qué tres países latinoamericanos tienen las banderas casi iguales?

Repaso 1 2 3 4 5

Sol te pregunta...

JUEGO DE MESA

Materiales: dados y fichas o marcadores de colores.

Instrucciones:
- **Casillas azules:** ▢ Di la respuesta a tu profesor.
- **Casillas amarillas:** ▢ Di la respuesta a tu grupo.
- **Casillas verdes:** ▢ Escribe en la pizarra.
- Cada respuesta correcta: Suma un punto y adelanta una casilla.
- Cada respuesta incorrecta: Atrasa una casilla. • Gana quien llegue primero a la meta con al menos 10 puntos.

6 ¡Qué torpe!

VAMOS A Hacer planes
Aprender las fechas
Dar órdenes

1 Mira los dibujos y escucha el diálogo.

Empezamos

2 Escucha otra vez y di si es verdadero o falso.

                                                                      V F

a) El cumpleaños de Miguel es el 23 de marzo.
b) Sus amigos le regalan un videojuego, un libro y una tarta.
c) A Miguel le gustan mucho los regalos.
d) La tarta de cumpleaños tiene cinco velas.
e) Hay música en la fiesta.
f) Los padres de Miguel van a bailar.

3 Fíjate cómo se pronuncian las letras "G" y "J".

▶ Pronuncia estas palabras.

naranja	regalo	genial
Miguel	jefe	cajita
magia	Guinea	amigo
hijo	guay	videojuego

▶ Escucha y comprueba tu pronunciación.

4 Te toca a ti. Escucha y repite.

¿Cuándo es tu cumpleaños?
¿Cuántos años vas a cumplir?
¿Qué quieres de regalo? ¿Te gustan los juegos de magia?

El 9 de febrero.
Voy a cumplir trece años.
No mucho. Prefiero una raqueta de tenis.

| enero | febrero | marzo | abril | mayo | junio |
| julio | agosto | septiembre | octubre | noviembre | diciembre |

▶ Practica este diálogo con tu información.

veintinueve **29**

Practicamos

5 **Coloca los meses del año y ordena las frases por los meses.**

7	......julio......	es también un nombre de chico.
	....	es el mes más corto del año.
	....	es el mes con el nombre más largo.
	....	es el mes de la Navidad.
	....	tiene 30 días y nueve letras.
	....	empieza con la letra "o".
	....	acaba con la letra "l".
	....	es el mes de más calor y vacaciones en España.
	....	es el primer mes del año.
	....	es el mes con el nombre más corto.
	....	es el mes con la letra "z".
	....	es el otro mes que empieza por "j".

6 **Relaciona las frases con los dibujos.**

¡Tomad el desayuno!   ¡No abráis los libros, por favor!   ¡No bebas mi café!

Baja la música, ¿quieres?   ¡Salid de la habitación! Voy a limpiarla.

¡Fíjate!

Imperativo

	GUARD**AR**	BEB**ER**	REPART**IR**
(tú)	guard**a** / no guard**es**	beb**e** / no beb**as**	repart**e** / no repart**as**
(vosotros)	guard**ad** / no guard**éis**	beb**ed** / no beb**áis**	repart**id** / no repart**áis**

7 **Completa con la forma verbal adecuada.**

Ej. *Miguel y Ana ...van a... visitar a sus abuelos mañana.*

- Yo .... escribir una felicitación a Miguel por su cumpleaños.
- Paloma no viene a la fiesta porque .... ir al médico esta tarde.
- Si tú .... leer, nosotros .... ver la tele.
- ¿.............. regalarle un libro los dos?
- Miguel .... celebrar una fiesta.
- Los amigos de Miguel .... cantar "Cumpleaños feliz".

¡Fíjate!

IR + A + Infinitivo

Yo	voy	
Tu	vas	
Él / Ella	va	+ a + regalar / leer / cumplir
Nosotros/as	vamos	
Vosotros/as	vais	
Ellos/as	van	

Nos divertimos

6

CANCIÓN

Escucha y ordena la canción.

Las mañanitas del rey David

que cantaba el rey David.
Estas son las mañanitas
te las cantamos a ti.
mira que ya amaneció.
Hoy por ser tu cumpleaños
Ya los pajarillos cantan;
Despierta, mi bien, despierta;
la luna ya se metió.

(Canción tradicional mexicana.)

◗ **¡Ahora canta con nosotros!**

TAREA FINAL

Vamos a hacer una ensalada de frutas. Prepara una ensalada de muchos colores con fruta fresca. Es rica y tiene muchas vitaminas.

¡QUÉ CURIOSO!

¿Cuál es el número que tiene tantas letras como indica su cifra?

Ingredientes
- 8 fresas
- 2 melocotones
- 2 peras
- 1 plátano
- 1 mango
- 1 piña
- 10 frambuesas
- zumo de 2 naranjas
- zumo de 1 limón
- azúcar

treinta y uno **31**

7 ¡Qué pesada!

VAMOS A Hablar de nuestras obligaciones
Describir personas
Hablar de la ropa

 **1** Mira los dibujos y escucha el diálogo.

Empezamos

2 Escucha de nuevo y elige la opción correcta.

Esta tarde Miguel tiene que:
a) ver una película
b) hacer los deberes
c) ir de compras

César y Paloma van a:
a) ir de compras
b) ir al cine
c) ir a la peluquería

A Sol:
a) no le queda bien la camiseta
b) le queda bien el vestido
c) le queda muy bien la camiseta

Ana quiere:
a) comprar un vestido
b) cortarse el pelo
c) probarse unas deportivas

3 Escucha y repite las partes de la cara.

pelo, ojo, oreja, nariz, boca, diente

▶ Describe a estas personas.

- Tiene el pelo largo / corto
- Su pelo es liso / rizado
- Tiene la nariz grande / pequeña
- Sus ojos son azules / castaños

- Tiene barba / gafas
- Tiene el pelo rubio = Es rubio/a
- Tiene el pelo negro = Es moreno/a
- Tiene el pelo castaño

4 Te toca a ti. Escucha y repite.

Buenas tardes.
¿De qué color?
¿Te gusta esta?

Hola. Quiero comprar una camisa.
Verde.
Sí, voy a probármela. Gracias.

▶ Practica este diálogo con tu información.

Practicamos

5 ¿Qué tiene Paloma en su armario?

Ej. *Paloma tiene unas deportivas.*

▶ Y tú, ¿qué tienes en tu armario? Escribe una lista y cuéntaselo a tus compañeros.

¡Fíjate!

TENER + QUE + Infinitivo

Yo	tengo	
Tu	tienes	
Él / Ella	tiene	+ que + comprar / hacer / ir
Nosotros/as	tenemos	
Vosotros/as	tenéis	
Ellos/as	tienen	

6 Indica a estas personas lo que tienen o no tienen que hacer.

A Ana — *Tienes que* lavarte las manos antes de cenar.
A César y Miguel — .... hacer deberes este fin de semana.
A ti y tus compañeros — .... hacer bien esta actividad.
A Laura y Sol — ¿.............. ir de compras?
A Miguel — .... lavarte los dientes después de comer.
A ti — .... aprender español.

7 Completa las frases con la preposición adecuada.

| a | por | con | en | para | de |

Comemos ..*con*.. mis padres ....*a*.... las dos.
A Ana le gusta jugar .... la tarde .... el salón.
.... desayunar tomo leche y tostadas .... mantequilla.
.... las ocho .... la mañana, nos levantamos y nos duchamos .... ir al colegio.
Me gusta desayunar .... la cocina .... mi familia .... la mañana.
Paloma es .... Guinea y va .... la clase de Miguel.

8 Escribe los contrarios como en el ejemplo.

Ej. chica gorda — chica *delgada*
pelo largo — pelo ....
chico alto — chico ....
pelo rubio — pelo ....
falda corta — falda ....
pelo rizado — pelo ....
chica rubia — chica ....
pantalones grandes — pantalones ....

Nos divertimos

POEMA

Escucha este poema y completa las palabras que faltan.

Doña Lola está muy triste

Doña Lola está muy triste
porque no tiene vestido
para asistir a la boda
de su amigo Marcelino.

De repente, ¡qué sorpresa!,
bajan del cielo dos ....
de un bonito color blanco.
¡Le quedan muy elegantes!

Luego aparece un ....
con ala y un lazo grande
y después le cae un ....
¡Doña Lola está pimpante!

Ah, pero hay un problema.
Doña Lola es algo torpe
y en vez de ponerse dos ....
lleva un zapatón enorme.

▸ ¡Ahora recita con nosotros!

guantes
sombrero
bolso
botas

TAREA FINAL

¿Quién es y cómo es?

Tiene el pelo liso y negro. Sus ojos son negros. Tiene un vestido de colores. Es de Guatemala. Se llama Rigoberta Menchú.

¡QUÉ CURIOSO!

Las monedas tienen dos caras.
¿Sabes cómo se llaman?

treinta y cinco **35**

8 ¡Qué emoción!

VAMOS A Hablar de lo que podemos y no podemos hacer
Dar direcciones   Hablar de las profesiones

1 Mira los dibujos y escucha el diálogo.

Empezamos

2 Escucha otra vez y contesta verdadero, falso o no sabemos.   V   F   NS

a) Los chicos tienen que hacer un trabajo de literatura. ☐ ☐ ☐
b) El padre de Miguel toca el violín. ☐ ☐ ☐
c) Raquel Pereira es periodista de deportes. ☐ ☐ ☐
d) Los chicos leen los periódicos en la biblioteca. ☐ ☐ ☐
e) Paloma busca información en su ordenador. ☐ ☐ ☐

3 Fíjate cómo se pronuncia la letra "R".

| peRiódico | subiR | Regalo | peRRo | Raquel | infoRmación | semáfoRo | tRabajo |

▸ **Pronuncia estas palabras.**

periodista	buscar	arroz	cruzar
rico	ascensor	Laura	recreo
cereales	marroquí	Mario	arriba

▸ **Escucha y comprueba tu pronunciación.**

4 Te toca a ti. Ordena esta entrevista y después escucha y repite.

....**1**.... ¿Cómo te llamas?   Sí, es muy interesante.   ....
.... ¿Qué haces en el periódico?   Trabajo en un periódico.   ....
.... ¿Te gusta tu profesión?   Me llamo Raquel Pereira.   ....
.... ¿Dónde trabajas?   Entrevisto a deportistas.   ....

▸ **Practica este diálogo con otra información.**

treinta y siete **37**

Practicamos

5 **Escribe lo que pueden o no pueden hacer con la forma verbal adecuada.**

Ej. Yo *puedo* jugar al tenis el domingo.

Mi abuelo no .... comer chorizo.
Mis amigos no .... ver la TV por la noche.
Laura y Ana .... ir de compras el sábado.
Tú .... celebrar tu cumpleaños en casa.
¿............... vosotros beber café?
Yo sé que .... hacer bien la actividad.

¡Fíjate!
PODER + Infinitivo

Yo	puedo / no puedo	
Tu	(no) puedes	entrevistar
Él / Ella	(no) puede	+ tener
Nosotros/as	(no) podemos	subir
Vosotros/as	(no) podéis	
Ellos/as	(no) pueden	

6 **Indica las profesiones.**

Ej. Daniel es *músico*. Toca el violín en una orquesta.

Raquel es .... Trabaja en un periódico.

La madre de Miguel es .... Trabaja en el hospital.

Él es .... Pesca en el mar.

Ella es .... Da clases de español en el colegio.

Él es .... Crea, dibuja y construye casas.

Ella es .... Apaga el fuego.

Él es .... Trabaja en el campo. Cultiva la tierra.

7 **Completa el camino al periódico siguiendo el diálogo de la historieta.**

Tienen que ir .... la calle Alcalá y al pasar el hospital está la calle Gran Vía a la .... El .... está en verde y ellos tienen que .... la calle. El Diario está a la .... Tienen que .... en ascensor a la .... planta.

¡Fíjate!

1.º primer/o/os	1.ª primera/as
2.º segundo/os	2.ª segunda/as
3.º tercer/o/os	3.ª tercera/as
4.º cuarto/os	4.ª cuarta/as
5.º quinto/os	5.ª quinta/as

8 **Indica el orden de cada persona en la cola del autobús.**

Ej. La abuela es *la sexta*.

Paloma es ....
La niña es ....
El señor con un periódico es ....
César es ....
La chica con minifalda azul es ....

Nos divertimos

CANCIÓN

Escucha la canción y aprende a bailar la yenka.

Ahora que sabes bailarla, explica cómo lo haces.

¿Qué parte del cuerpo mueves?
....

¿Cuántos pasos das a la izquierda?
....

Los siguientes dos pasos,
¿hacia dónde los das?
....

El primer salto, ¿hacia dónde lo das?
....

El salto hacia atrás, ¿qué salto es,
el segundo o el tercero?
....

¿Cuántos saltos das sin moverte del sitio?
....

¿Es difícil bailar la yenka?
....

▸ ¡Ahora canta y baila con nosotros!

TAREA FINAL

¿Dónde trabajan?

Mi hermano es peluquero. Trabaja en una peluquería.

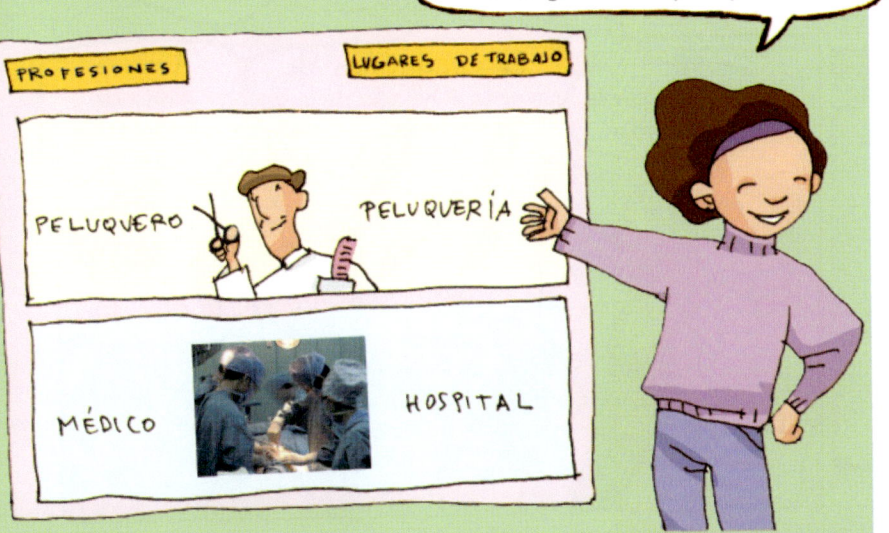

¡QUÉ DIFÍCIL!

El perro de don Roque
no tiene rabo
porque Ramón Rodríguez
se lo ha robado.

9 ¡Qué calor!

VAMOS A Hablar de la playa
Explicar qué estamos haciendo
Hablar del tiempo

1 Mira los dibujos y escucha el diálogo.

Empezamos

2 **Ordena las frases siguiendo el diálogo.**
- Mario está hablando por teléfono con su novia.
- Ana pide un helado de nata.
- Laura le da un gorro a Ana.
- Miguel y su familia están en la playa.
- Sol y Miguel van a bañarse.

3 **Escucha y repite.**

toalla   sombrilla   gafas de sol   gorra   helado
crema protectora   bañador   bikini   sandalias

▶ Escucha y relaciona los nombres de los objetos con el dibujo.

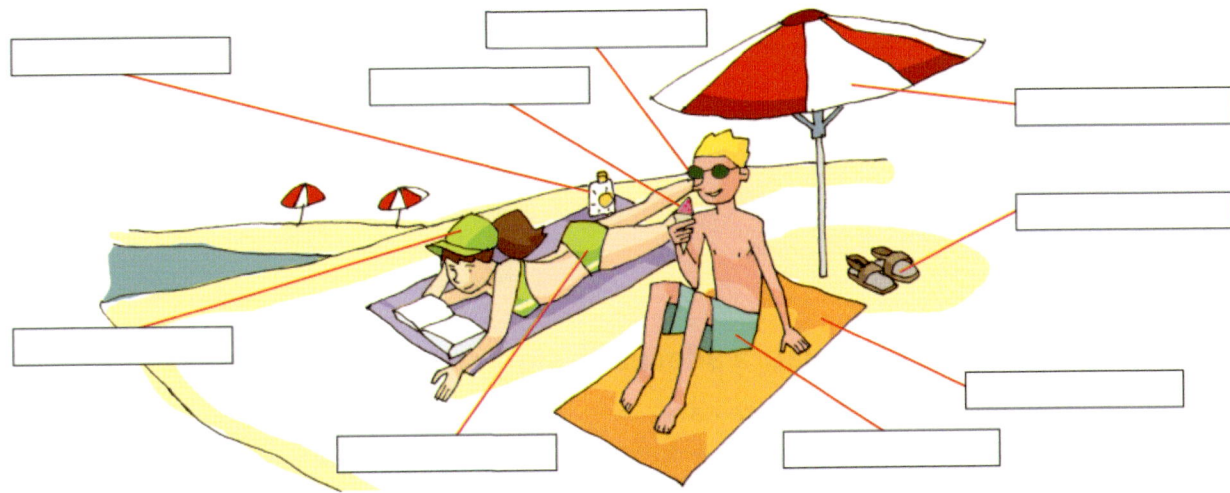

4 **Te toca a ti. ¿Qué tiempo hace? Relaciona cada texto con su dibujo.**

①  ②  ③  ④

Es **primavera**. Hay nubes y sol. Hay muchas flores en el campo.
Es **verano**. Hace sol. Hace mucho calor.
Es **otoño**. Hace viento. Está lloviendo.
Es **invierno**. Hace mucho frío. Está nevando.

▶ Escucha y repite.

¿Hace calor?
¿Hace sol?
¿Está nevando?
¿Está lloviendo?

No, no hace calor.
No, no hace sol.
No, no está nevando.
Sí, está lloviendo. ¡Bien!

▶ Pregunta ahora a tu compañero qué tiempo hace.

cuarenta y uno **41**

Practicamos

5 **Describe el tiempo siguiendo el mapa.**

Ej. *En Madrid está* lloviendo.

En el sur hace .... y podemos ir a la ....
En el norte hay muchas ....
En el oeste está ....
En el este está ....
En el oeste hace mucho .... y podemos ir a la ....

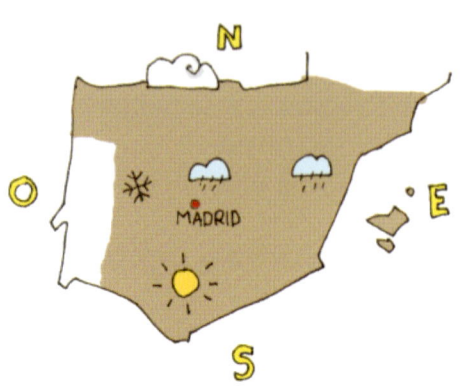

6 **Completa con las formas verbales adecuadas.**

Ej. *Mario está* hablando *por teléfono.*

Ana está .... en la arena.
Miguel se está .... en el mar.
Todos están .... el sol en la playa.
Yo estoy .... el periódico.
Tú y tus amigos estáis .... helados.
Mi compañero y yo estamos .... unas frases.

¡Fíjate!

ESTAR + Gerundio

Yo	estoy	
Tu	estás	
Él / Ella	está	+ jug**ando** / pon**iendo** / viv**iendo**
Nosotros/as	estamos	
Vosotros/as	estáis	
Ellos/as	están	

7 **Completa con la palabra adecuada siguiendo la historieta.**

Ej. *Ana come un* helado *de nata.*

Llevamos las toallas en las .... de playa.
La .... nos protege del sol.
Las .... protegen nuestros ojos.
Ana tiene que ponerse un ....
Mario no quiere bañarse y no se pone el ....

8 **Pregunta a tus compañeros qué van a hacer el fin de semana.**

Ej. —¿Qué vas a hacer este fin de semana?
—Voy a ir a Madrid, para conocer la capital de España. ¿Y tú?
—Voy a ver L'Oceanogràfic de Valencia.

Nos divertimos

9

CANCIÓN

Escucha y completa esta canción.

bonita   sol   arena   mar   playa   bikini

Eva María se fue

Eva María se fue buscando el .... en la ....
con su maleta de piel y su .... de rayas.
Ella se marchó y sólo me dejó recuerdos de su ausencia
sin la menor indulgencia.
Eva María se fue.

Paso las noches así pensando en Eva María,
cuando no puedo dormir miro su fotografía.
Qué .... está bañándose en el ....,
tostándose en la ....
mientras yo siento pena de vivir sin su amor.

¿Qué voy a hacer?
¿Qué voy a hacer?
¿Qué voy a hacer si Eva María se fue?
¿Qué voy a hacer?
¿Qué voy a hacer?
¿Qué voy a hacer si Eva María se fue?

▶ ¡Ahora canta con nosotros!

TAREA FINAL

El álbum de fotos.

Esta es una foto de mi familia. Es invierno, hace frío. Estamos esquiando en la nieve.

¡QUÉ CURIOSO!

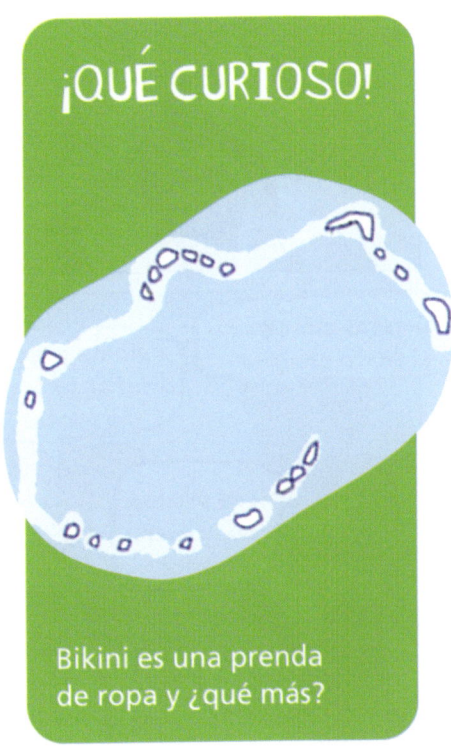

Bikini es una prenda de ropa y ¿qué más?

cuarenta y tres **43**

10 ¡Qué buena idea!

VAMOS A Repasar — Aprender más vocabulario

1 Mira los dibujos y escucha el diálogo.

Empezamos

2. Completa este texto con la información del diálogo.

El .... de amigos está merendando en una chocolatería. Piden chocolate con churros. Están hablando de sus planes. .... quiere ser diseñadora de moda. .... quiere ser informático. .... va a ayudar a .... Y .... quiere ser piloto de aviones o mecánico de coches de carreras, pero va a ser cocinero.

3. Fíjate y escucha.

- Las letras "B" y "V" se pronuncian igual:

| bombero | bikini | verano | novia |

- La "H" no se pronuncia:

| hospital | hoy | hermano | historia |

- La "Ñ" existe sólo en español:

| España | niño | cumpleaños | diseñar |

▸ Pronuncia estas palabras.

año	deberes	velas	bocadillo
diseñadora	divertido	hijo	nevera
hablar	bañador	hacer	vaqueros

▸ Escucha y comprueba tu pronunciación.

4. Te toca a ti. Escucha y repite.

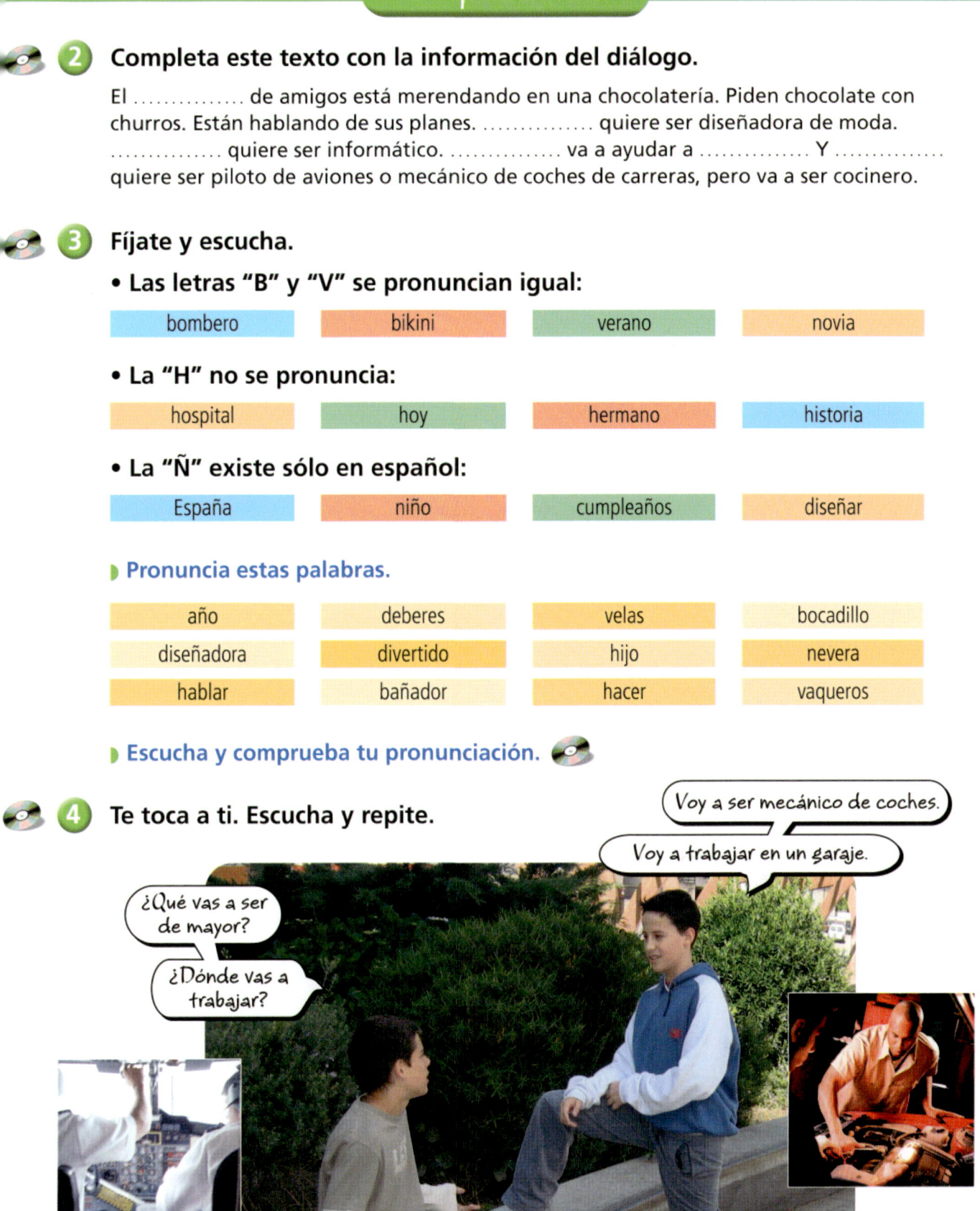

¿Qué vas a ser de mayor?
¿Dónde vas a trabajar?
Voy a ser mecánico de coches.
Voy a trabajar en un garaje.

▸ Practica este diálogo con tu información.

Practicamos

5 **Adivina su profesión.**

Ej. *Trabaja en un restaurante. Él es* camarero.

Trabaja en una cocina. Él es ....
Trabaja en un colegio. Ella es ....
Trabaja en un periódico. Él es ....
Trabaja en una orquesta. Él es ....
Trabaja en un hospital. Ella es ....

6 **Clasifica la ropa según la estación del año.**

Verano		Invierno
sandalias	sandalias, camiseta, botas, minifalda, abrigo, chaqueta, bañador, jersey, pantalones cortos, calcetines, bikini	....

7 **En el ascensor:**

Ej. *Toco el número 10. Subo al* décimo.

Toco el número 6. Voy a la .... planta.
Toco el número 4. Bajo al .... piso.
Toco el número 8. Subo a la .... planta.
Toco el número 9. Voy al .... piso.
Toco el número 7. Bajo a la .... planta.

¡Fíjate!

6.º sexto/os	6.ª sexta/as
7.º séptimo/os	7.ª séptima/as
8.º octavo/os	8.ª octava/as
9.º noveno/os	9.ª novena/as
10.º décimo/os	10.ª décima/as

8 **Completa con la forma verbal adecuada.**

.... *(venir)* aquí. .... *(tener que)* ponerte crema.

Nosotros .... *(tener que)* hacer el trabajo en casa. .... *(no poder)* hablar en la biblioteca.

Ellos .... *(no tener que)* terminar hoy su trabajo. .... *(poder)* terminar mañana.

Miguel está .... *(ver)* la TV y Mario está .... *(escuchar)* música.

.... *(hacer)* mucho calor. ¿.............. *(ir a)* nadar?

En el mapa del tiempo veo que .... *(haber)* nubes en el sur de México.

Nos divertimos

10

CANCIÓN

 ¿Qué les gusta? Elige la opción correcta

Nos gustan las cuatro estaciones del año

Nos gusta el sol para ir a la *cama / playa*
Nos gusta *nadar / bailar*, nos gusta bucear
Nos gusta pasear a la orilla del mar

Nos gusta la *nubes / nieve* para ir a la montaña
Nos gusta caminar, nos gusta *viajar / esquiar*
Nos gusta correr, subir y bajar

Nos gusta el invierno, nos gusta el verano
Otoño, primavera, invierno, verano
Nos gustan las cuatro estaciones del año

Nos gusta la lluvia y sacar el *paraguas / minifalda*
Nos gusta *comer / oler* a tierra mojada
Nos gusta andar y empaparnos de agua

Nos gusta el invierno, nos gusta el verano
Otoño, primavera, invierno, verano
Nos gustan las cuatro estaciones del año

▶ Escucha la canción y comprueba tus respuestas.

▶ ¡Ahora canta con nosotros!

TAREA FINAL

¿Qué tiempo hace?

Hoy es lunes. Hace frío, está lloviendo.

¡QUÉ CURIOSO!

¿Qué es, qué es, que te da en la cara y no lo ves?

cuarenta y siete **47**

Repaso 6 7 8 9 10

Los peligros de la playa...

48 cuarenta y ocho

JUEGO DE MESA

Materiales: fichas o marcadores de colores.

Instrucciones: En cada turno los nadadores pueden avanzar 2 casillas en cualquier dirección.
- Los nadadores no pueden avanzar a una casilla ocupada por otro nadador, por un animal marino o por las rocas.
- En los **hexágonos** 🔵 **azules** los nadadores tienen que nombrar el objeto.
- En los **hexágonos** 🟠 **naranjas** los nadadores tienen que escribir el nombre del objeto en la pizarra.
- En los **hexágonos** 🟢 **verdes** tienen que contestar una pregunta del profesor.
- En los **hexágonos** 🔴 **rojos** no pasa nada. Son para descansar. • Gana el primero en llegar a la playa.

11 ¡Qué dolor!

VAMOS A Hablar de nuestra salud
Dar opiniones
Preguntar y dar razones

1 Mira los dibujos y escucha el diálogo.

Empezamos

2 Escucha otra vez y cambia las frases.

- Miguel tiene que vacunarse.
- Sol está nerviosa.
- A Miguel le duele la cabeza.
- El médico tiene miedo a las vacunas.
- Ana tiene que abrir la boca.
- Daniel vacuna a Ana.

3 Escucha y repite las partes del cuerpo humano. Escríbelas en su sitio.

| cabeza | brazo | mano | pierna |
| pie | dedos | espalda | barriga |

4 Te toca a ti. Escucha y repite.

> Me duele la garganta. = Tengo dolor de garganta.

¿Qué te duele?
¿Estás sentado muchas horas?
Tienes que hacer deporte.

Me duele la espalda.
Sí, en clase.

¿Qué le duele a usted?
¿Tiene usted fiebre y tos?
Usted tiene gripe.

Tengo dolor de garganta.
Sí, tengo fiebre, toso mucho y me duele al tragar.

▶ Practica estos diálogos con otra información.

cincuenta y uno **51**

Practicamos

5 **Utiliza "por qué" y "porque" en la forma correcta.**

Ej. ¿ *Por qué* vais al colegio? *Porque* tenemos que estudiar.

¿............... vemos flores en el campo? .... es primavera.

No podemos ir a jugar .... tenemos que terminar los deberes.

¿............... estás cansado? .... trabajo muchas horas.

Es importante comer fruta .... es muy sana.

¿............... tengo que ponerme el gorro en la playa? .... te protege del sol en la cabeza.

● ¿**POR QUÉ** vas al médico?
○ **PORQUE** me duele la cabeza.

6 **Completa expresando tu opinión.**

Ej. *Creo que / Me parece que* estoy enfermo porque me duele la cabeza.

Tengo dolor de espalda. .... trabajo demasiado, necesito descansar.

.... tienes fiebre. Voy a ponerte el termómetro.

.... no voy a jugar al tenis porque estoy muy cansado.

.... va a hacer mucho frío porque está empezando a nevar.

.... está triste porque no tiene muchos amigos.

.... voy a salir porque estoy aburrido en casa.

7 **¿Cómo dices…?**

Ej. *A una persona mayor, que tiene que llamar por teléfono al médico:*
Llame por teléfono al médico. / Tiene usted que llamar por teléfono al médico.

¡Fíjate!

Presente de Indicativo

	DESCANSAR	TOSER	ABRIR
Usted (= él / ella)	descansa	tose	abre
Ustedes (= ellos/as)	descansan	tosen	abren

Imperativo

(usted)	(no) descanse	(no) tosa	(no) abra
(ustedes)	(no) descansen	(no) tosan	(no) abran

Usted/es

A una persona desconocida, que tiene que hablar con el médico:
....

A un enfermo, que tiene que beber mucha agua:
....

A un abuelo, que tiene que cuidar su salud:
....

A una persona mayor, que no tiene que subir escaleras:
....

A unos señores mayores, que no tienen que comer demasiados dulces:
....

Nos divertimos

CANCIÓN

 Escucha y completa esta canción.

El burro enfermo

A mi burro, a mi burro
le duele la ....,
el médico le pone
una gorrita ....

A mi burro, a mi burro
le duele la ....,
el médico le pone
una corbata ....

A mi burro, a mi burro
le duelen las ....,
el médico le pone
una gorrita ....

A mi burro, a mi burro
le duelen las ....,
el médico receta
jarabe de ....

(Canción tradicional española.)

manzana

orejas

blanca

corazón

garganta

negra

pezuñas

cabeza

lechuga

limón

A mi burro, a mi burro
le duele el ....,
el médico receta
jarabe de ....

A mi burro, a mi burro
ya no le duele nada,
el médico receta
jarabe de ....

▸ ¡Ahora canta con nosotros!

TAREA FINAL

Cuido mi cuerpo.

TENEMOS QUE:

 LAVAR LAS MANOS ANTES DE COMER

 COMER FRUTA TODOS LOS DÍAS

Tenemos que cepillar los dientes después de comer.

¡QUÉ DIFÍCIL!

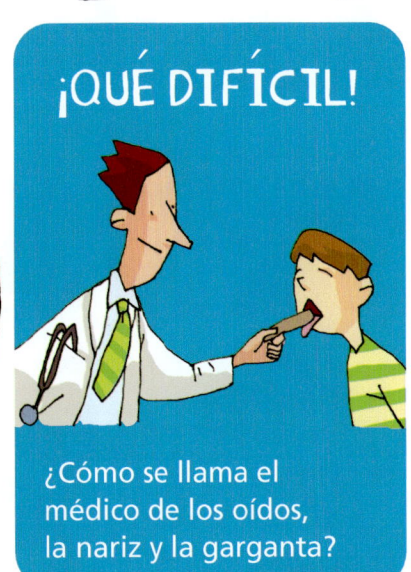

¿Cómo se llama el médico de los oídos, la nariz y la garganta?

cincuenta y tres **53**

12 ¡Qué divertido!

VAMOS A Hablar de la granja · Situar las cosas · Conocer los animales domésticos

1 Mira los dibujos y escucha el diálogo.

Empezamos

2 Escucha otra vez y contesta estas preguntas.

- ¿Dónde van los niños?
- ¿Quiénes van a cuidar a los animales?
- ¿Qué está regando César?
- ¿Qué fruta está recogiendo Paloma?
- ¿Dónde está el gato?
- ¿Qué quiere ser César?

3 Fíjate cómo se pronuncia la letra "L" y la letra "Y". Repite después.

ga**ll**ina	po**ll**itos	**y**o	caba**ll**o	**y**egua
si**ll**a	pa**y**aso	ho**y**	ha**y**	mu**y**

▸ Escucha ahora estas palabras.

yegua	desayuno	lluvia	payaso	mantequilla	yo	bocadillo

4 Escucha y relaciona los nombres con las fotos y los dibujos.

perro – gato – gallina – pollitos – cerdo – caballo – vaca – conejo – oveja – abeja

①    ②    ③    ④    ⑤

....

⑥    ⑦    ⑧    ⑨    ⑩

....

5 Te toca a ti. Escucha y repite.

¿Dónde está el cerdo?
¿Dónde está el gato?

El cerdo está fuera del corral.
El gato está dentro de la cesta.

▸ ¿Dónde están los otros animales?

▸ Practica este diálogo con otra información.

cincuenta y cinco **55**

Practicamos

6 Pon el nombre a cada alimento.

tomates   lechuga   fresas   cebollas   zanahorias   pimientos

① pimientos   ②   ③   ④   ⑤   ⑥

7 Elige *mucho* o *poco*.

Ej. *Las ovejas tienen ..mucha.. lana.*

Las ovejas dan .... leche.
Las vacas dan .... leche.
Los cerdos tienen .... pelo en su cuerpo.
Las gallinas tienen .... pollitos.
Los árboles de la granja tienen .... manzanas.

¡Fíjate!

mucho/a   muchos/as
poco/a   pocos/as

8 ¿Qué animal es?

Ej. *Las ..abejas.. fabrican miel.*

El .... guarda la casa.
Los .... nos dan chorizo y jamón.
Con la .... tenemos leche y mantequilla.
Las .... ponen huevos.
El .... caza ratones.

9 Encuentra el gato y di dónde está.

El gato está ....   El gato está ....
....

El gato está ....   El gato está ....
....

Nos divertimos

POEMA

Escucha y completa este poema con los verbos que faltan en la forma apropiada.

El lagarto está llorando

El lagarto ……………
La lagarta ……………

El lagarto y la lagarta
con delantalitos blancos.

Han perdido sin querer
su anillo de desposados.

¡Ay, su anillito de plomo,
ay, su anillito plomado!

Un cielo grande y sin gente
…………… en su globo a los pájaros.

El sol, capitán redondo,
…………… un chaleco de raso.

¡Miradlos qué viejos ……………!
¡Qué viejos …………… los lagartos!

¡Ay, cómo …………… y ……………!,
¡ay! ¡ay! ¡cómo ……………!

(Federico García Lorca, *Canciones*, 1927.)

llevar   llorar
ser   montar

▸ ¡Ahora recita con nosotros!

TAREA FINAL

La cadena de alimentos.

La abeja produce miel. Con la miel hacemos pasteles.

¡QUÉ GRACIA!

¿Por qué el perro lleva el hueso en la boca?
Porque no tiene bolsillos.

¡Qué miedo!

VAMOS A
- Hablar del circo
- Describir y comparar cosas
- Conocer los animales salvajes

1 Mira los dibujos y escucha el diálogo.

58 cincuenta y ocho

Empezamos

2 Escucha otra vez y elige la opción correcta.

Ana es la hermana más .... **del mundo.**
a) divertida
b) pesada
c) valiente

Estos payasos son .... **graciosos que los de la tele.**
a) los más
b) más
c) menos

Miguel y Ana van al .... **con sus padres y Sol.**
a) periódico
b) colegio
c) circo

El domador tiene la cabeza .... **de la boca del león.**
a) encima
b) debajo
c) dentro

Hay .... **gente en la cola.**
a) mucha   b) poca   c) muy

3 Escucha y repite estas palabras.

| tigre | foca | cocodrilo | jirafa | cebra |
| pingüino | serpiente | oso | elefante | mono |

▶ Relaciona los nombres con las fotos y los dibujos.

 ①  ②  ③  ④  ⑤

....

 ⑥  ⑦  ⑧  ⑨  ⑩

....

4 Te toca a ti. Escucha y repite.

— Yo tengo el pelo más largo que tú.
— Y yo soy más alto que tú.
— Tú eres menos deportista que yo.
— Y tú eres menos fuerte que yo.

▶ Compárate con tu compañero.

Practicamos

5 Escribe al menos tres cosas que hay en cada lugar.

Ej. *En el circo* hay animales salvajes, domadores y payasos

En la granja ....
En el colegio ....
En el hospital ....
En las fiestas de cumpleaños ....
En las ciudades ....

6 Completa las frases.

Ej. *Miguel es* más divertido que *Mario.*

Mario es .... *(fuerte)* Miguel.
Paloma es .... *(inteligente)* como Sol.
Miguel es .... *(gordo)* César.
Laura es .... *(alto)* como Daniel.
El domador es .... *(valiente)* el payaso.
El trapecista es .... *(gracioso)* el payaso.

¡Fíjate!
más … que
menos … que
tan … como

7 Quién es quién. Habla de ellos.

| fuerte | divertido | grande | rápido | graciosa | inteligente |

Ej. *El mono es* el más divertido *de los animales del circo.*

El elefante es .... de los animales del circo.
El león es .... de los animales del circo.
La foca es .... de los animales del circo.
El tigre es .... de los animales del circo.
El delfín .... de los animales del circo.

¡Fíjate!
el / la / los / las más … (de)
el / la / los / las menos … (de)

8 Pregunta a tus compañeros sobre los animales que hay en el zoo, o sobre vosotros, siguiendo el ejemplo.

Ej. —¿Quién es más rápido, el delfín o la foca?
—El delfín es más rápido que la foca.

Nos divertimos

CANCIÓN

 Escucha y completa esta canción.

| cerca | inmensa | negro |
| no temas | en | duerme |

El león duerme

Ouinma-ué...

.... la selva, la .... selva, hoy .... el león.
.... la selva, la .... selva, hoy .... el león.

Ouinma-ué...

.... de un poblado ...., hoy .... el león.
.... de un poblado en calma, hoy .... el león.

Ouinma-ué...

Cariñito, ... nada, que hoy .... el león.
Cariñito, ... nada, que hoy .... el león.

Ouinma-ué...

▸ ¡Ahora canta con nosotros!

TAREA FINAL

El mundo de los animales.

¡QUÉ CURIOSO!

El animal más inteligente vive en el agua. ¿Cuál es?

14 ¡Qué nervios!

VAMOS A
Hablar del pasado cercano
Expresar estados de ánimo
Hablar de los exámenes

 1 Mira los dibujos y escucha el diálogo.

El curso está terminando. Las vacaciones empiezan pronto pero primero vienen los exámenes de fin de curso.

¡Qué nervios! He estudiado mucho para el examen de mates y ahora no me acuerdo de nada.

No te preocupes. Las mates no son difíciles.

Mañana es el examen de geografía. Sol, ¿me ayudas a prepararlo?

¡Siempre repasamos juntos tú y yo!

Al día siguiente…

Estoy muy nervioso. La geografía se me da peor que las matemáticas.

Empezamos el examen. No podéis hablar con los compañeros. Leed las preguntas con atención y no os pongáis nerviosos. ¡Es fácil!

Me está saliendo bien.

Nunca me acuerdo de la capital de Nicaragua.

Ahora tengo que poner las capitales en el mapa.

¿Qué has contestado en la séptima pregunta?

He puesto Managua. ¿Está bien?

¡Claro!

¡Vamos a aprobar todos, seguro!

Yo lo he hecho regular.

El examen me ha salido genial. Estoy muy contento.

62 sesenta y dos

Empezamos

 2 Escucha y relaciona las dos columnas para formar una frase.

1. César está nervioso porque
2. Paloma y Miguel siempre
3. Miguel está muy nervioso porque
4. Miguel no recuerda
5. César está muy contento porque

a. cuál es la capital de Nicaragua.
b. tiene un examen de mates.
c. ha hecho muy bien el examen.
d. preparan juntos los exámenes.
e. la geografía se le da peor que las matemáticas.

 3 Pon tilde si es necesario y luego escucha la pronunciación.

> **¡Fíjate!**
>
> Palabras **agudas** → Llevan tilde las acabadas en vocal, N o S (sofá, habitación, francés).
>
> Palabras **llanas** → Llevan tilde las acabadas en consonante que no sea N o S (lápiz, azúcar).
>
> Palabras **esdrújulas** → Todas llevan tilde (mecánico, película).

cafe	granja	sabado	azul	autobus	matematicas	rojo
septimo	helado	informatica	lunes	salon	Cesar	aqui
facil	regar	medico	ascensor	examen	pared	arbol

▸ Escucha y comprueba tus respuestas.

 4 Te toca a ti. Escucha y repite.

¿Qué has desayunado esta mañana?

Esta mañana he desayunado tostadas.

¿Qué habéis estudiado hoy en clase?

Hoy hemos estudiado el acento en español.

▸ Practica este diálogo con tu información.

sesenta y tres **63**

Practicamos

5 Completa las frases con el verbo en pasado como en el ejemplo.

Ej. Yo *he subrayado*. (subrayar) *los verbos del texto.*

Paloma .... (contestar) bien la última pregunta del examen de hoy.
Los alumnos .... (repasar) las capitales de los países.
Nosotros .... (ordenar) las palabras por el acento.
Yo .... (poder) completar todas las frases.
El profesor .... (tener) que explicar los verbos en pasado.
Elsa y tú .... (estudiar) mucho este mes y vais a sacar buenas notas.
Juan .... (pedir) más tiempo para acabar el examen.

¡Fíjate!

Pretérito Perfecto

	(HABER)	CONTESTAR	TENER	SALIR
Yo	he	contest**ado**	ten**ido**	sal**ido**
Tú	has	contestado	tenido	salido
Él / Ella	ha	contestado	tenido	salido
Nosotros/as	hemos	contestado	tenido	salido
Vosotros/as	habéis	contestado	tenido	salido
Ellos/as	han	contestado	tenido	salido

¡Fíjate!

Participios irregulares

hacer	hecho
poner	puesto
ver	visto
romper	roto
escribir	escrito
decir	dicho

6 Observa el ejemplo y completa las frases.

Ej. ¿Qué *has hecho*. (hacer, tú) *hoy?*

Hoy .... (poner, nosotros) las fotos de animales en el mural de la clase.
Esta mañana .... (hacer, yo) zumo de naranja para desayunar.
¿.............. (ver, tú) una foca alguna vez?
¿.............. (escribir, vosotros) ya la redacción sobre el circo?
¿Por qué no .... (hacer, ellas) aún el examen de ciencias?
¿.............. (dormir, tú) bien esta noche?
¿Qué .... (decir) la profesora? No la he oído bien.

¡Fíjate!

hoy
esta mañana / tarde / noche
alguna vez
nunca / jamás   **+ Pret. Perfecto**
ya
aún / todavía

7 Elige la palabra adecuada y haz los cambios necesarios para completar el diálogo.

| fácil | nervioso | tranquilo | contento | preocuparse | ponerse |

Diana: Estoy muy .... He estudiado poco y creo que no voy a aprobar.
Tomás: No .... Seguro que el examen es ....
Diana: Y tú, ¿por qué estás tan ....?
Tomás: Porque las matemáticas es mi asignatura favorita, pero .... nervioso con los exámenes de geografía.
Diana: Pues yo he sacado una nota muy buena en geografía. Estoy muy ....

Nos divertimos 14

CANCIÓN

Escucha y completa esta canción con los verbos que faltan en la forma apropiada.

| caerse | romperse | llevar | querer |
| tener | recibir | resucitar | decir |

Estaba el señor don gato

Estaba el señor don gato
Sentadito en su tejado
Marramamiau miau miau miau
Sentadito en su tejado.

.... una carta
Que si .... ser casado
Marramamiau miau miau miau
Que si .... ser casado.

Con una gatita parda
Sobrina de un gato pardo
Marramamiau miau miau miau
Sobrina de un gato pardo.

Al recibir la noticia
.... de un tejado
Marramamiau miau miau miau
.... de un tejado.

.... siete costillas
El espinazo y el rabo
Marramamiau miau miau miau
El espinazo y el rabo.

Ya lo .... a enterrar
Por la calle del pescado
Marramamiau miau miau miau
Por la calle del pescado.

Al olor de las sardinas
El gato ....
Marramamiau miau miau miau
El gato ....

Con razón .... la gente
Siete vidas .... un gato
Marramamiau miau miau miau
Siete vidas .... un gato.

(Canción tradicional española.)

▸ ¡Ahora canta con nosotros!

TAREA FINAL

El amuleto de la buena suerte.

Este es un amuleto mexicano. Los colores rojo, amarillo y azul dan buena suerte. ¡Van a ayudarnos en los exámenes!

¡QUÉ DIFÍCIL!

Este banco está ocupado por un padre y por un hijo. El padre se llama Juan; el hijo ya te lo he dicho.

sesenta y cinco **65**

15 ¡Qué buenas vacaciones!

VAMOS A Repasar

Aprender más vocabulario

1 Mira los dibujos y escucha el diálogo.

Empezamos

2 Escucha otra vez el diálogo y contesta estas preguntas.

- ¿Dónde viven los abuelos de Miguel?
- ¿Dónde está hecha la foto?
- ¿Ha viajado Sol alguna vez?
- ¿Qué ropa va a llevar Sol en la maleta?
- ¿Por qué van a ir en metro al aeropuerto?

3 Escucha y completa. Después subraya los números que oyes y repite en voz alta.

2	5	10	20	30	31

40	41	50	60	70	80	90
cuarenta	cuarenta y uno	cincuenta	sesenta	setenta	ochenta	noventa

100	101	200	201	1.000	1.001
cien	ciento uno	doscientos	doscientos uno	mil	mil uno

2.000	2.001	10.000	100.000	1.000.000
dos mil	dos mil uno	diez mil	cien mil	un millón

▶ Ahora escucha y señala los billetes y las monedas de euro.

euros

céntimos

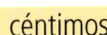

4 Te toca a ti. Escucha y repite.

¿Dónde vas a ir de vacaciones este verano?

¿Cómo vas a ir, en coche o en tren?

¿Con quién vas a ir de vacaciones?

Voy a ir a la playa.

Voy a ir en tren.

Voy a ir con mis padres y mi abuela.

▶ Practica este diálogo con tu información.

Practicamos

5 Completa las oraciones con el transporte adecuado.

metro   autobús   taxi   coche   avión   barco   moto   bicicleta (bici)

Ej. *En la ciudad hay muchos coches y preferimos viajar en* **autobús** *o en* **metro**.

No lleves tu ...., es mejor llamar a un ....
En la .... siempre tienes que llevar casco.
Me gusta viajar en .... porque vamos encima de las nubes.
En las grandes ciudades el medio de transporte más rápido es el ....
El fin de semana voy a ir al campo con mis primos a montar en ....
Mi tío ha viajado por el mar Mediterráneo en ....

6 Escribe quiénes son en la familia.

Ej. *El padre de tu padre es tu* **abuelo**.

La madre de tu padre es tu ....
La hija de tus tíos es tu ....
Los hermanos de tu madre son tus ....
Las hijas de tus padres son tus ....
La hermana de tu madre es tu ....

7 ¿Qué han hecho hoy en el colegio? Completa el texto.

Hoy .... (celebrar) en clase el cumpleaños de Javi. Nosotros .... (llevar) unos regalos y él .... (venir) con pipas y palomitas al cole para repartir entre los compañeros. Pero Susana .... (protestar) y me .... (decir): "Yo tengo .... (muchas / pocas) pipas. ¿.............. tengo .... (más / menos) tú? Tu bolsa es .... (grande / pequeña) de todas". Yo no .... (saber) qué contestar y al final .... (responder): "No sé, ... (creer que) no hay ninguna explicación, simplemente porque .... (tener) más suerte que tú". Después la profesora .... (pedir) silencio y .... (cantar) el "Cumpleaños feliz" a Javi. Él .... (ponerse) muy ....

▶ Escucha y comprueba.

8 ¿Sabes escribir los siguientes números?

Ej. 50 = **cincuenta**   mil diez = **1.010**

80 = ...   noventa = ...
100 = ...   ciento doce = ...
1.000 = ...   sesenta = ...
100.000 = ...   ciento trece mil = ...
1.000.000 = ...   setenta y cinco = ...

9 Lee y subraya la palabra intrusa.

Ej.	martes	marzo	jueves	lunes
	notas	examen	churros	lápiz
	payaso	violinista	domador	trapecista
	espalda	pierna	bañador	barriga
	gallina	oveja	vaca	jirafa

Nos divertimos

CANCIÓN

Escucha la canción y di si es verdadero o falso.

El protagonista de la canción: V   F
- quiere regar los campos   ☐   ☐
- no quiere cantar solo   ☐   ☐
- quiere tener un millón de amigos ☐   ☐
- quiere cantar con mucha gente   ☐   ☐
- quiere una lluvia fuerte   ☐   ☐
- quiere tener un hijo alto   ☐   ☐
- quiere un futuro de paz y libertad ☐ ☐

▶ ¡Ahora canta con nosotros!

TAREA FINAL

Mi familia.

Esta es mi madre, se llama María. Este es mi abuelo, el padre de mi madre.

¡QUÉ GRACIA!

Lucho, ¿qué vas a hacer estas vacaciones?

Voy a ir a la hacienda de mis tíos, allá mi primo y yo vamos a montar a caballo.

¿Qué decís? ¡¡¡Guauuu!!! ¡Qué groso!

Sí, yo nunca he subido a un caballo y tengo muchas ganas.

EN LA ESTANCIA...
Primo, te voy a mostrar que soy el mejor jinete que existe en Argentina.

Pero fijate bien porque el caballo está comiendo ahora.

AHHHH!

Pero... primo, ¿no era que vos sos el mejor jinete?

Sí, yo lo sé y tú lo sabes, pero el caballo parece que no lo sabe.

sesenta y nueve **69**

Repaso 11 12 13 14 15

Cara o cruz...

SALIDA

1
Cara: Deletrea tu nombre.
Cruz: Canta el rap del alfabeto.

2
Cara: Nombra dos objetos de ca[da] parte de la c[asa].
Cruz: Dibu[ja] en la pizarr[a] [un] objeto de la cocina y es[cribe] su nombre.

14
¡El helado se ha derretido!
PIERDES UN TURNO.

15
Cara: ¿Cuál es la asignatura favorita de Miguel?
Cruz: Describe a Miguel.

16
Cara: ¿Dónde trabaja un profesor?
Cruz: Dibuja en la pizarra un avión.

17

META ¡VACACIONES!

23
Cara: Nombra cuatro medios de transporte.
Cruz: Canta tu canción favorita en español.

22

13
Cara: Di qué tiempo hace hoy.
Cruz: Expresa con el cuerpo que tienes frío.

12
Cara: ¿Qué vas a ser de mayor?
Cruz: En el ascensor tocas el botón n.º 5, ¿a qué planta vas?

11
Cara: Describe la ropa que llevas puesta.
Cruz: Nombra un deporte y el objeto con que se practica.

10

JUEGO DE MESA

Materiales: un dado, una moneda y fichas de distintos colores.

Instrucciones:
- Tira el dado y cuenta las casillas.
- Tira al aire la moneda.
- Sigue las instrucciones que corresponden a cara o cruz.
- Gana quien entra en la casilla ¡VACACIONES! con los puntos justos.

3
Cara: ¿Qué has desayunado esta mañana?
Cruz: Escribe la fecha de hoy.

4
¡Has quemado las tostadas! PIERDES UN TURNO.

5
Cara: ¿Cuál es la nacionalidad de César?
Cruz: Describe a César.

Cara: ¿Por qué vamos al médico?
Cruz: Señala estas partes del cuerpo: la nariz, el pie derecho, la mano izquierda y la barriga.

18
Cara: Nombra tres animales de la granja.
Cruz: Imita una oveja.

19
Cara: Escribe en la pizarra un nombre de animal con "L", otro con "LL" y otro con "Y".
Cruz: Dibuja en la pizarra un elefante.

6
Cara: Di el nombre de una asignatura que empieza por M.
Cruz: Busca en clase cuatro cosas azules.

Cara: ¿Cuál es la capital de Nicaragua?
Cruz: Escribe en la pizarra una palabra aguda, otra llana y otra esdrújula, todas con tilde.

21
Cara: ¿Ha estado Sol alguna vez en la Pampa argentina?
Cruz: Describe a Sol.

20
¡Te has perdido en la selva! PIERDES UN TURNO.

7
Cara: Describe tu bocadillo favorito.
Cruz: Pon cara de enfadado/a.

Cara: ¿Qué quiere ser Paloma de mayor?
Cruz: Describe a Paloma.

9
¡Has tirado la tarta! PIERDES UN TURNO.

8
Cara: Di una palabra con "ga", otra con "gue", otra con "gui", otra con "go" y otra con "gu".
Cruz: Canta la canción de "Cumpleaños feliz".

setenta y uno **71**

Apéndice Gramatical

Demostrativos

PROXIMIDAD (cerca)	Masculino	Femenino
Singular	**este** chico	**esta** chica
Plural	**estos** chicos	**estas** chicas

Acompañan al nombre, dicen si es masculino o femenino, singular o plural, y señalan la persona o cosa nombrada; por eso se usan para presentar personas y cosas.

Los demostrativos **este/a** y **estos/as** indican una distancia próxima o cercana a nosotros. Para presentar cosas se emplea la forma **esto,** que no varía, es igual para una cosa masculina o femenina. Ejemplos:

(personas) *Esta es una amiga. Este es un amigo.*
(cosas) *Esto es una mesa. Esto es un bolígrafo.*

- Un/a   Indica **cantidad: uno.**
- Unos/as   Indican **cantidad: varios,** más de uno.
- Este/a   Señala al nombre, que está **cerca** de nosotros.
- Estos/as Señalan a los nombres, que están **cerca** de nosotros.

Adverbios de lugar

aquí	ahí	allí
(corta distancia)	(media distancia)	(larga distancia)

cerca ≠ lejos
encima ≠ debajo
dentro ≠ fuera
enfrente

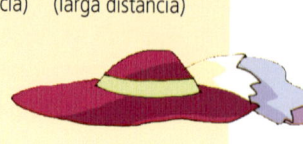

Preposiciones

- **a**   movimiento hacia un sitio *(ir a casa, venir a la escuela).* También se usa con las horas *(llego a las ocho).*
- **con** compañía *(está con su amiga).*
- **de** pertenencia *(esto es de su padre),* origen *(César es de México),* tiempo *(es de día, es de noche),* materia de que está hecho algo *(la lámpara es de cristal, la silla es de madera).*
- **en** situación de lugar *(estamos en el colegio)* o de tiempo *(termino el curso en junio).*
- **para** finalidad de acción *(nos sentamos para comer)* o de persona *(el regalo es para ti).*
- **por** tiempo *(jugó por la tarde),* dirección *(es por allí)* o causa *(hace esto por ti).*

Números

0	cero	10	diez	20	veinte	30	treinta	40	cuarenta
1	uno	11	once	21	veintiuno	31	treinta y uno	50	cincuenta
2	dos	12	doce	22	veintidós	32	treinta y dos	60	sesenta
3	tres	13	trece	23	veintitrés			70	setenta
4	cuatro	14	catorce	24	veinticuatro			80	ochenta
5	cinco	15	quince	25	veinticinco			90	noventa
6	seis	16	dieciséis	26	veintiséis				
7	siete	17	diecisiete	27	veintisiete				
8	ocho	18	dieciocho	28	veintiocho				
9	nueve	19	diecinueve	29	veintinueve				

100	cien	101	ciento uno	1.000	mil	1.001	mil uno	10.000	diez mil
200	doscientos	201	doscientos uno	2.000	dos mil	2.001	dos mil uno	100.000	cien mil
300	trescientos			3.000	tres mil				
400	cuatrocientos							1.000.000	un millón
500	quinientos								
600	seiscientos								
700	setecientos								
800	ochocientos								
900	novecientos								

Números ordinales

1.°	**primer/o/os**	1.ª	**primera/as**
2.°	**segundo**/os	2.ª	**segunda**/as
3.°	**tercer/o/os**	3.ª	**tercera**/as
4.°	**cuarto**/os	4.ª	**cuarta**/as
5.°	**quinto**/os	5.ª	**quinta**/as
6.°	**sexto**/os	6.ª	**sexta**/as
7.°	**séptimo**/os	7.ª	**séptima**/as
8.°	**octavo**/os	8.ª	**octava**/as
9.°	**noveno**/os	9.ª	**novena**/as
10.°	**décimo**/os	10.ª	**décima**/as

Posesivos

Indican **pertenencia**, y por eso hay un posesivo diferente para cada persona o poseedor. Acompañan a un nombre (persona o cosa poseída) y por eso concuerdan en número (singular o plural) y género (masculino o femenino solamente en el caso del plural de 1.ª y 2.ª persona) con esa persona o cosa nombrada.

Ejemplos:
Yo tengo los libros en **mi** habitación.
Tú estás con **tus** hermano**s**.
Nosotros no sabemos dónde está **nuestra** profesor**a**.
Vosotras tenéis **vuestros** abrig**os** allí.

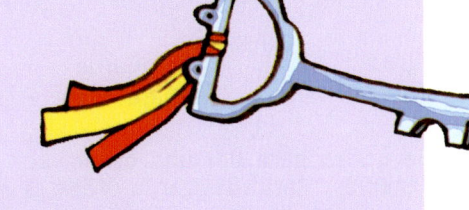

Un poseedor	(yo)	(tú)	(él / ella / Usted)
Singular	**mi**	**tu**	**su**
Plural	**mis**	**tus**	**sus**

Varios poseedores	(nosotros/as)	(vosotros/as)	(ellos/as / Ustedes)
Singular	**nuestro/a**	**vuestro/a**	**su**
Plural	**nuestros/as**	**vuestros/as**	**sus**

Pronombres personales (CI)* + verbo *gustar*

	A quién	Una cosa / Varias cosas
(yo)	**me**	
(tú)	**te**	
(él / ella / Usted)	**le**	gust**a** / gust**an**
(nosotros/as)	**nos**	
(vosotros/as)	**os**	
(ellos/as / Ustedes)	**les**	

*CI = Complemento Indirecto (= a quién)
El pronombre indica **a quién** le *gusta una cosa* o le *gustan varias cosas*.
Ejemplos:
(varias cosas) *Las galletas me gustan.* (a mí = yo)
(una cosa) *La tostada les gusta.* (a ellas)

Verbos SER / ESTAR (Presente)

Yo	**soy**	**estoy**
Tú	**eres**	**estás**
Él / Ella / Usted	**es**	**está**
Nosotros/as	**somos**	**estamos**
Vosotros/as	**sois**	**estáis**
Ellos/as / Ustedes	**son**	**están**

SER = CUALIDAD, NATURALEZA, que no cambia
Ejemplos: ***Es*** *real.*   ***Es*** *una chica.*

ESTAR = MODO, SITUACIÓN EN UN LUGAR, que puede cambiar
Ejemplos: ***Está*** *dormido.*   ***Está*** *en su habitación.*

Tiempo de presente: verbos en Presente de Indicativo

	TOM**AR**	COM**ER**	VIV**IR**
Yo	tom**o**	com**o**	viv**o**
Tú	tom**as**	com**es**	viv**es**
Él / Ella / Usted*	tom**a**	com**e**	viv**e**
Nosotros/as	tom**amos**	com**emos**	viv**imos**
Vosotros/as	tom**áis**	com**éis**	viv**ís**
Ellos/as / Ustedes*	tom**an**	com**en**	viv**en**

Los verbos que terminan en **-ar** *(tom-ar)* son de la 1.ª conjugación.
Los verbos que terminan en **-er** *(com-er)* son de la 2.ª conjugación.
Los verbos que terminan en **-ir** *(viv-ir)* son de la 3.ª conjugación.
Para **hablar del tiempo presente** quitamos al verbo esa terminación y ponemos las terminaciones de cada persona:

cen-ar ➡ Yo cen-**o**
le-er ➡ Nosotros le-**emos**
abr-ir ➡ Ellas abr-**en**

* "Usted" y "Ustedes" son las **formas de respeto** de Tú y Vosotros/as; las usamos con personas mayores y que acabamos de conocer. Fíjate que utilizamos la 3.ª persona y no la 2.ª para conjugar el verbo.

Las **expresiones temporales** que acompañan a los **verbos en presente** indican una acción habitual que hacemos normalmente:
siempre ≠ nunca
por la mañana / tarde / noche   + Presente
los lunes / martes…
todos los días / las semanas / los meses

Hace (verbo impersonal)

Usamos este verbo, con esta única forma, para hablar del tiempo atmosférico.
Ejemplos:
Hace *sol.* ***Hace*** *mucho calor.*
Hace *viento.* ***Hace*** *mucho frío.*

Hay (verbo impersonal)

Usamos este verbo, con esta única forma, para decir qué personas o cosas están en un lugar.
Ejemplos:
En el salón ***hay*** *un sofá.*
En el circo ***hay*** *payasos y trapecistas.*

Apéndice Gramatical

Verbos en Imperativo

	GUARDAR	BEBER	REPARTIR
(tú)	guarda / no guardes	bebe / no bebas	reparte / no repartas
(vosotros/as)	guardad / no guardéis	bebed / no bebáis	repartid / no repartáis
(Usted)	(no) guarde	(no) beba	(no) reparta
(Ustedes)	(no) guarden	(no) beban	(no) repartan

Se utiliza para **dar una orden,** por lo que sólo se usa con la 2.ª persona (tú, vosotros/as y Usted/es). Para suavizar la orden se emplean palabras o expresiones como *por favor, ¿quieres?* y se cambia la entonación.
Ejemplos: *Cierra la puerta, ¿quieres?*   *Callad, por favor.*

Ir a + Verbo Infinitivo

Yo	**voy a**		
Tú	**vas a**		
Él / Ella / Usted	**va a**	+	regalar / leer / cumplir
Nosotros/as	**vamos a**		
Vosotros/as	**vais a**		
Ellos/as / Ustedes	**van a**		

Utilizamos "ir a + verbo" para expresar algo que tenemos **intención** de hacer.
Ejemplos:
Yo estudio en la biblioteca. (hablo de algo que hago normalmente)
*Yo **voy a estudiar** en la biblioteca.* (quiere decir que tengo intención de estudiar allí)

Tener que + Verbo Infinitivo

Yo	**tengo que**		
Tú	**tienes que**		
Él / Ella / Usted	**tiene que**	+	comprar / hacer / ir
Nosotros/as	**tenemos que**		
Vosotros/as	**tenéis que**		
Ellos/as / Ustedes	**tienen que**		

El verbo "tener" indica posesión pero "tener que + verbo" significa **obligación**.
Ejemplos:
Yo tengo un ordenador en mi habitación. (indica que poseo un ordenador)
*Yo **tengo que estudiar** matemáticas esta tarde.* (indica que tengo la obligación de estudiar)

Poder + Verbo Infinitivo

Yo	**puedo** / no **puedo**		
Tú	(no) **puedes**		
Él / Ella / Usted	(no) **puede**	+	entrevistar / tener / subir
Nosotros/as	(no) **podemos**		
Vosotros/as	(no) **podéis**		
Ellos/as / Ustedes	(no) **pueden**		

Usamos "poder + verbo" para expresar tres significados:
- **ser capaz de** hacer algo. Ejemplo: *Puedo soplar todas las velas.* (indica que soy capaz de soplarlas todas)
- **tener la posibilidad de** hacer algo. Ejemplo: *Podemos subir en ascensor.* (indica que es posible usar el ascensor porque hay uno)
- **permiso,** autorización para hacer una cosa. Ejemplo: *Vale, puedes ir a la excursión.* (indica que te dan permiso para ir)

Estar + Gerundio

Yo	**estoy**		
Tú	**estás**		
Él / Ella / Usted	**está**	+	jug**ando** / pon**iendo** / viv**iendo**
Nosotros/as	**estamos**		
Vosotros/as	**estáis**		
Ellos/as / Ustedes	**están**		

Utilizamos "estar + verbo Gerundio" cuando realizamos **la acción en ese momento**. El Gerundio se forma con la terminación:
-**ando** para los verbos en -**ar** (1.ª conjugación)
-**iendo** para los verbos en -**er** y en -**ir** (2.ª y 3.ª conjugación)
Ejemplos:
Yo tomo leche todos los días.   **Estoy tomando** *leche porque no hay yogur.*
Siempre llueve en el norte.   *Hoy* **está lloviendo.**

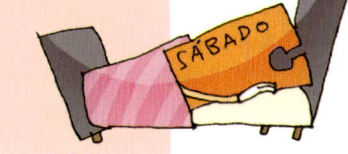

Tiempo de pasado: verbos en Pretérito Perfecto

	(HABER)	CONTESTAR	TENER	SALIR
Yo	**he**	contest**ado**	ten**ido**	sal**ido**
Tú	**has**	contestado	tenido	salido
Él / Ella / Usted	**ha**	contestado	tenido	salido
Nosotros/as	**hemos**	contestado	tenido	salido
Vosotros/as	**habéis**	contestado	tenido	salido
Ellos/as / Ustedes	**han**	contestado	tenido	salido

Para **hablar del tiempo pasado** cuando nos referimos a acciones ya realizadas pero que sentimos muy cercanas al momento presente, usamos el Presente del verbo *haber* + Participio del verbo principal. El Participio se forma con la terminación:
-**ado** para los verbos en -**ar** (1.ª conjugación)
-**ido** para los verbos en -**er** y en -**ir** (2.ª y 3.ª conjugación)
Algunos participios no siguen esta norma y tienen su propia terminación (irregulares):

hacer	**hecho**
poner	**puesto**
ver	**visto**
romper	**roto**
escribir	**escrito**
decir	**dicho**

Las **expresiones temporales** que acompañan a los **verbos en pretérito perfecto (pasado)** indican una proximidad en el tiempo que acerca la acción realizada al momento actual:
hoy
esta mañana / tarde / noche
alguna vez ≠ *nunca / jamás*   +   Pret. Perfecto
ya ≠ *aún / todavía*

Comparativos

más … que
menos … que
tan … como

Se utilizan para **comparar** dos o más personas o cosas. Esta comparación puede ser de:
Superioridad: *César es **más** gordo **que** Miguel.*
Inferioridad: *Miguel es **menos** divertido **que** César.*
Igualdad: *César es **tan** alto **como** Miguel.*

Superlativo

el / la / los / las más .... (de)
el / la / los / las menos .... (de)

Se utiliza para dejar clara la **superioridad** de una o más personas o cosas en algo respecto a las otras. Ejemplos:
*Sol es **la más** inteligente **de** todos.*
*Ellos son **los más** aburridos **de** su clase.*

Meses del año

enero	julio
febrero	agosto
marzo	septiembre
abril	octubre
mayo	noviembre
junio	diciembre

Normas de acentuación

	agudas	Palabras llanas	esdrújulas
	— — — —	— — — —	— — — —
Llevan tilde:	las acabadas en vocal, N o S	las acabadas en consonante que no sea N o S	todas
	sofá, habitación	*lápiz, azúcar*	*mecánico, película*

Glosario

ESPAÑOL	INGLÉS	FRANCÉS	ALEMÁN	ITALIANO
abajo	below, downstairs	en bas	unten	giù, sotto
aburrido	boring, bored	ennuyant	langweilig	annoiato, noioso
acabar	to finish	terminer, finir	beenden	finire
acompañar	to accompany	accompagner	begleiten	accompagnare
aeropuerto	airport	aéroport	Flughafen	aeroporto
agua	water	eau	Wasser	acqua
ahora	now	maintenant	jetz	ora
alegría	joy	joie	Freude	allegria
amuleto	good-luck charm	amulette	Amulett	amuleto
anillo	ring	anneau	Ring	anello
antes	before	avant	vorher	prima
apagar	to switch off	éteindre	ausmachen	spegnere
árbol	tree	arbre	Baum	albero
arena	sand	sable	Sand	sabbia
arriba	above, upstairs	en haut	oben	sopra, sù
arroz	rice	riz	Reis	riso
atención	attention	attention	Achtung	attenzione
aún	still	encore	immer noch	ancora
ayudar	to help	aider	helfen	aiutare
bajar	to go down	descendre	hinuntergehen	scendere
banco (de sentarse)	bench	banc	Bank	panchina
bien	good, well	bien	gut	bene
billete	(bank) note	billet	Geldshein	biglietto
bollo (de comer)	bun	gâteau	Kuchen	pane al latte
bolso	handbag	sac	Tasche	borsa
bonito	pretty, nice	joli	hübsch	carino
bota	boot	botte	Stiefel	stivale
bueno	good	bon	gut	buono
burlarse	to joke	se moquer	sich lusig machen	prendere in giro
buscar	to look for	chercher	suchen	cercare
caliente	hot	chaud	heiß	caldo
callar	to be quiet	se taire	ruhig sein	occultare
canasta (de baloncesto)	basket	panier (de basket)	Basketballkorb	canestro
cansado	tired	fatigué	müde	stanco
capital (de país)	capital	capitale	Hauptstadt	capitale
carne	meat	viande	Fleisch	carne
casco	helmet	casque	Helm	casco
cereza	cherry	cerise	Kirsche	ciliegia
cesta	basket	panier	Korb	cesta
charlar	to chat	discuter, bavarder	plaudern	chiacchierare
cine	cinema	cinéma	Kino	cinema
cita	date	rendez-vous	Termin	appuntamento
cola (de gente)	line, queue	queue	Warteschlange	coda
colmena	hive	ruche	Bienenstock	alveare
cómodo	comfortable	confortable	bequem	comodo
construir	to construct	construire	konstruieren	costruire
contento	happy	content	glücklich	contento
corbata	tie	cravate	Krawatte, Schlips	cravatta
corral	corral, farmyard	cour (de ferme)	Gehege	cortile rurale, aia cintata
crear	to create, design	créer, dessiner	erfinden, schaffen	creare, disegnare
cultivar	to grow	cultiver	anbauen, bestellen	coltivare
curso (escolar)	school year	cours, année scolaire	Schuljahr	corso
dar	to give	donner	geben	dare
descanso	break, rest	repos	Rast, Ruhepause	riposo
desear	to want, desire	désirer	wünschen, möchten	desiderare
despacho	office	bureau	Büro	studio
despierto	awake	réveillé	wach	sveglio
después	after	après	nach, dann	dopo
difícil	difficult	difficile	schwierig	difficile
diseñar	to design	dessiner	entwerfen	disegnare
disfrutar	to enjoy	profiter	genießen	godere
divertido	fun, funny	amusant	lustig	divertente
dormido	asleep	endormi	eingeschlafen	addormentato
dulce	sweet	doux, sucré	süß	dolce
elegante	elegant	élégant	elegant	elegante
emocionado	excited	ému	aufgeregt	emozionato
encuesta	survey	enquête	Umfrage	inchiesta

ESPAÑOL	INGLÉS	FRANCÉS	ALEMÁN	ITALIANO
enfadado	angry	en colère	wütend	arrabbiato
enfermo	sick, ill	malade	krank	malato
entrada (de espectáculo)	ticket	entrée (ticket)	Eintritt	entrata
entrar	to enter, go into	entrer	hineingehen	entrare
entrevistar	to interview	interviewer	interviewen	intervistare
escalera (de edificio)	stairs	escalier	Treppen	scala
esperar	to wait	attendre	warten	aspettare
establo	stable, stall	étable	Stall	stalla
estupendo	great, wonderful	formidable	toll, großartig	stupendo
fácil	easy	facile	leicht	facile
famoso	famous	célèbre	berühmt	famoso
favorito	favorite	favori	Lieblings-	favorito
feliz	happy	heureux	glücklich	felice
feo	ugly	laid, moche	häßlich	butto
fiebre	fever	fièvre	Fieber	febbre
flor	flower	fleur	Blume	fiore
foto	photo	photo	Foto	foto
frambuesa	raspberry	framboise	Himbeere	lampone
fuego	fire	feu	Feuer	fuoco
fuerte	strong	fort	stark	forte
garaje	garage	garage	Garage	garage
gracioso	funny	drôle	witzig	grazioso
granero	barn	grenier	Getreidespeicher	granaio
gripe	flu	grippe	Grippe	influenza
grupo	group	groupe	Gruppe	gruppo
guante	glove	gant	Handschuh	guanto
guapo	handsome, pretty	beau	hübsch	bello
guardar	to keep	garder	aufbewahren	conservare
hueso	bone	os	Knochen	osso
idea	idea	idée	Idee	idea
igual	same, equal	pareil, identique	gleich	uguale
importante	important	important	wichtig	importante
inmenso	immense	immense	weit	immenso
inteligente	intelligent	intelligent	intelligent	intelligente
interesante	interesting	intéressant	interessant	interessante
jarabe	syrup	sirop	Sirup	sciroppo
juntos	together	ensemble	zusammen	insieme
lagarto	lizard	lézard	Eidechse	lucertola
lana	wool	laine	Wolle	lana
lavadora	washer, washing machine	machine à laver	Waschmaschine	lavatrice
levantar	to get up, rise	soulever	aufstehen	alzare
limón	lemon	citron	Zitrone	limone
llamar	to call	appeler	heißen	chiamare
llegar	to arrive	arriver	ankommen	arrivare
lleno	full	plein	voll	pieno
llevar	to take, carry	porter, emmener	tragen	portare
loco	crazy	fou	verrückt	matto, pazzo
magia	magic	magie	Zauber	magia
mal	badly	mal	schlecht	male
maleta	suitcase	valise	Koffer	valigia
malo	bad	méchant	schlecht	cattivo
mango	mango	mangue	Mango	mango
mapa	map	carte, plan	Landkarte	mappa, carta geografica
mar	sea	mer	See, Meer	mare
marcharse	to leave	s'en aller	weggehen	andarsene
mejor	better, best	meilleur, mieux	besser, der Beste	migliore, meglio
melocotón	peach	pêche	Pfirsich	pesca
miel	honey	miel	Honig	miele
mirar	to look	regarder	schauen, gucken	guardare
moda	fashion	mode	Mode	moda
moderno	modern	moderne	modern	moderno
mueble	furniture	meuble	Möbel	mobile
murciélago	bat	chauve-souris	Fledermaus	pipistrello
muy	very	très	sehr	molto
nada	nothing	rien	nichts	niente
nervioso	nervous	nerveux	nervös	nervoso
orquesta	orchestra, band	orchestre	Orchester, Band	orchestra

Glosario

ESPAÑOL	INGLÉS	FRANCÉS	ALEMÁN	ITALIANO
pájaro	bird	oiseau	Vogel	uccello
palomitas	popcorn	pop-corn	Popcorn	pop-corn
pan	bread	pain	Brot	pane
parada (de autobús)	bus stop	arrêt (de bus)	Bushaltestelle	fermata
pared	wall	mur	Wand	parete
partido (de tenis, fútbol)	game, match	match	Spiel, Match	partita
pasear	to stroll	se promener	spazieren gehen	passeggiare
pasta	pasta	pâtes	Teig, Paste	pasta
patata	potato	pomme de terre	Kartoffel	patata
paz	peace	paix	Frieden	pace
pedir	to order, request	demander	bestellen, bitten	chiedere
pensar	to think	penser	denken	pensare
peor	worse, worst	pire, pis	schlimmer, der Schlechsteste	peggiore, peggio
pera	pear	poire	Birne	pera
pescado	fish	poisson	Fisch	pesce
piña	pineapple	ananas	Ananas	ananas
pipas	(sunflower) seeds	graines de tournesol	(Sonnenblumen)-kerne	semenze
piso (de edificio)	floor	étage	Stockwerk	piano
plan	plan	plan	Plan	piano
plato	plate	assiette	Teller	piatto
pobre	poor	pauvre	arm	povero
pollo (de comida)	chicken	poulet	Hühnchen	pollo
poner	to put	mettre	stellen, decken	porre
preocuparse	to worry	s'inquiéter	sich Sorgen machen	preoccuparsi
preparar	to prepare	préparer	vorbereiten	preparare
pronto	soon	bientôt	bald	presto, pronto
próximo	next	prochain, proche	nächster	prossimo
quemado	burnt	brûlé	verbrannt	bruciato
queso	cheese	fromage	Käse	formaggio
rabo	tail	queue	Schwanz	coda
rápido	quick	rapide	schnell	rapido
raqueta	racket	raquette	Shläger	racchetta
ratón	mouse	souris	Maus	topo, mouse
real	real	vrai	reell, wirklich	reale
recetar	to prescribe	ordonner	ein Rezept ausstellen	prescrivere
recoger	to pick up	recueillir, retirer	abholen	raccogliere, ritirare
recordar	to remember	se souvenir	erinnern	ricordare
regar	to water	arroser	sprengen, bewässern	innaffiare, spargere
regular (= ni bien ni mal)	so-so	pas mal	nicht schlecht, nicht gut	così così
repartir	to share out	distribuer, partager	verteilen	ripartire
restaurante	restaurant	restaurant	Restaurant	ristorante
revisión (médica)	check-up	révision	Untersuchung	controllo
robar	to steal	voler	stehlen, rauben	rubare
salir	to go out	sortir	ausgehen	uscire
salud	health	santé	Gesundheit	salute
sano	healthy	sain	gesund	sano
seguro	safe	sûr	sicher	sicuro
selva	jungle	forêt	Urwald	selva
sentado	sitting	assis	sitzt	seduto
siguiente	next	suivant	nächster	seguente
sólo	only	seulement	nur	solo
sombrero	hat	chapeau	Hut	cappello
subir	to go up	monter	hinaufgehen	salire
sueño	dream	rêve	Traum	sogno
suerte	luck	chance	Glück	fortuna, sorte
también	also	aussi	auch	anche
tarde (≠ pronto)	late	tard	spät	tardi
tejado	roof	toit	Dach	tetto
temer	to fear	craindre	fürchten	temere
terminar	to finish	terminer	beenden	terminare
termómetro	thermometer	thermomètre	Thermometer	termometro
tierra (de cultivo)	land	terre	Erde	terra
timbre	doorbell	sonnette	Türklingel	campanella/o
típico	typical	typique	typisch	tipico
tocar (instrumento musical)	to play	jouer	spielen	suonare
todavía	still	encore	noch immer	tuttavia
todo	all, everything	tout	alle, Ganze	tutto

ESPAÑOL	INGLÉS	FRANCÉS	ALEMÁN	ITALIANO
tonto	stupid	bête	doof	tonto
toser	to cough	tousser	husten	tossire
traer	to bring	apporter, amener	bringen	portare
tragar	to swallow	avaler	schlucken	inghiottire, ingoiare
traje	suit	costume, tenue	Kleid, Anzug	vestito
último	last	dernier	letzter	ultimo
vainilla	vanilla	vanille	Vanille	vaniglia
valiente	brave	courageux	tapfer	valoroso
váter	toilet	water, w-c	Toilette	water, wc
venir	to come	venir	kommen	venire
ver	to see	voir	sehen	vedere
vez	time	fois	Mal	volta
visitar	to visit	visiter	besuchen	visitare
vivir	to live	vivre	leben	vivere
volar	to fly	voler	fliegen	volare
ya	already	déjà	schon, bereits	già
yogur	yogurt, yoghourt	yaourt	Yogurt	yogurt

EXPRESIONES COLOQUIALES

ESPAÑOL	INGLÉS	FRANCÉS	ALEMÁN	ITALIANO
¡adiós!	goodbye!	adieu !, au revoir !	Auf Wiedersehen!	arrivederci!
¡ahí va!	goodness!	mon dieu !	Mein Gott!	mamma mia!
¡bienvenido!	welcome!	bienvenu !	Willkommen!	benvenuto!
¡buenos días!	good morning!	bonjour !	Guten Morgen!	buongiorno!
¡claro!	of course!	bien sûr !	Na klar!	chiaro!
¡claro que sí!	of course!	bien sûr que oui !	Klar, natürlich!	certo!, certamente!
¡cuidado!	be careful!	attention !	Sei vorsichtig!	attento!
en serio	seriously	sérieusement	im Ernst (sprechen), ernstlich	veramente
¡feliz cumpleaños!	happy birthday!	joyeux anniversaire !	zum Geburtstag viel Glück!	buon compleanno!
¡genial!	great!	génial !	Großartig!	geniale!
¡gracias!	thanks!	merci !	Danke!	grazie!
¡hasta luego!	see you later!	à bientôt !, à tout à l'heure !	Bis später!	a dopo!
¡hasta mañana!	see you tomorrow!	à demain !	Bis morgen!	a domani!
¡hasta pronto!	see you soon!	à bientôt !	Bis bald!	a presto!
¡hola!	hi!	bonjour !	Hallo!	salve!, ciao!
¡me encanta!	I love it!	j'adore !	Ich mag es sehr gern!	stupendo!
¡muchas gracias!	thanks a lot!	merci beaucoup !	Vielen Dank!	grazie mille!
no te preocupes	don't worry	ne t'en fais pas	Mach dir keine Sorgen!	non ti preoccupare
¡pasadlo bien!	have fun!	amusez-vous bien !	Viel Spaß!	divertitevi!
¡perdona!	pardon me!	pardon !, excuses-moi !	Entschuldigung!	scusa!
por favor	please	s'il vous plaît	bitte	per piacere!, per favore!
¡qué bien!	great!	c'est bien !	Wie gut!	bene!
¡qué bonito!	how nice!, how pretty!	que c'est joli !	Wie schön! Wie hübsch!	che carino!
¡qué cansado estoy!	i'm so tired!	qu'est-ce que je suis fatigué !	Ich bin so müde!	come sono stanco!
¡qué curioso!	how peculiar!	c'est curieux !	Wie seltsam!	che strano!
¡qué desastre!	what a mess!	quel désastre !	Was für ein Durcheinander!	che disastro!
¡qué emoción!	how exciting!	quelle émotion !	Wie aufregend!	che emozione!
¡qué guay!	how cool!	super !	Wie cool!	che figo!
¡qué miedo!	how scary!	j'ai peur !, quelle frayeur !	Was für eine Angst!	che paura!
¡qué nervios!	i'm so nervous!	quelle angoisse !, l'angoisse !	Ich bin so nervös!	che nervi!
¡qué pesado!	how irritating!	quel casse-pieds !	Was für eine Nervensäge!	che pesante!
¡qué problema!	what a problem!	quel problème !	Was für ein Problem!	che problema!
¡qué rollo!	how boring!	quelle barbe !	Wie langweilig!	che complicato!
¡qué sorpresa!	what a surprise!	quelle surprise !	Was für eine Überraschung!	che sorpresa!
¡qué suerte!	how lucky!	quelle chance !	Was für ein Glück!	che fortuna!
¡qué torpe!	how clumsy!	quel maladroit !	Wie ungeschickt!	che imbranato!
¿qué tal?	what's up?	comment ça va ?	Wie geht's?	come va? come stai?
quedar bien / mal (ropa)	to fit well / badly	aller bien / mal (vêtement)	gut / schlecht passen	stare bene / male
te toca a ti (= es tu turno)	it's your turn	c'est à toi, c'est ton tour	du bist dran	tocca a te
tener ganas	to look forward to	avoir envie	Lust haben	avere voglia
¡vale!	ok!	d'accord !	Ok! In Ordnung!	bene!
¡venga!	come on!	allez !	Komm schon!	sbrigati!
¿verdad?	really?	c'est vrai ?	Wirklich?	veramente?

Copyrights de las obras musicales insertas en el texto

300 KILOS
Letra y Música: VÍCTOR APARICIO
© 1985 by VÍCTOR APARICIO
SGAE (ESPAÑA)
Autorizado para todo el mundo a enCLAVE-ELE

"EVA MARÍA" (J. L. Armenteros/P. Herrero)
© by J. L. Armenteros/P. Herrero. Autorizado a BMG Music Publishing Spain, S.A. y Rapsody. Todos los derechos reservados.

© "LION SLEEP TONIGHT, THE" CA: George Weiss/Luigi Creatore/Hugo Perretti. Ad: Carreras Moisi. E: ABILEIN MUSIC, autorizado para todo el mundo. Excluidos USA y Canadá: MEMORY LANE MUSIC.
Sub-Editor para España y Portugal: Alondra Music, S.L. C/ Ramón Gómez de la Serna, 66 - 5.º C 28035 MADRID (España)